P9-BZB-121

Auf Deutsch!

1 Eins

Arbeitsheft

Teacher's Edition

McDougal Littell

A HOUGHTON MIFFLIN COMPANY

Evanston, Illinois • Boston • Dallas

Auf Deutsch!

1 Eins

Arbeitsheft

Teacher's Edition

Lida Daves-Schneider
Chino Valley (CA) Unified School District

Karl Schneider
Chino Valley (CA) Unified School District

Rosemary Delia
Mills College

Daniela Dosch Fritz

Anke Finger
Texas A&M University

Stephen L. Newton
University of California, Berkeley

Chief Academic and Series Developer
Robert Di Donato
Miami University

McDougal Littell
A HOUGHTON MIFFLIN COMPANY
Evanston, Illinois • Boston • Dallas

Auf Deutsch! 1 Eins
Arbeitsheft Teacher's Edition

Copyright © 2000 by the WGBH Educational Foundation and the Corporation for
Public Broadcasting. All rights reserved. Permission is hereby granted to teachers to
reprint or photocopy in classroom quantities the pages or sheets in this work that carry
a WGBH copyright notice. These pages are designed to be reproduced by teachers for
use in their classes with accompanying WGBH material, provided each copy made shows
the copyright notice. Such copies may not be sold and further distribution is expressly
prohibited. Except as authorized above, prior written permission must be obtained from
the publisher to reproduce or transmit this work or portions thereof in any other form or
by any other electronic or mechanical means, including any information storage or retrieval
system, unless expressly permitted by federal copyright law.

ISBN: 0-618-02970-2

1 2 3 4 5 6 7 8 9 – MDO – 05 04 03 02 01 00 99

Illustrations were created by Anica Gibson and George Ulrich.
Electronic art was created by Lori Heckelman and Teresa Roberts.

Grateful acknowledgment is made for use of the following material: Page 2 Sunil, Deutsche Unilever; *2*
Deutschpost AG; *2* Holiday Park, DB—Katalog Schulfahrten + Jugendgruppenreisen 1999; *2* Flughafen
Leipzig/Halle; *36* Robinson GmbH; *39* Müller's Brillenstudio; *59* Deutschpost AG; *65 Rheinische Post; 66*
Ratiopharm Arzneimittel, Ulm; *81* Fleurop GmbH; *97* Deutsche Krankenversicherung AG; *117* Hotel Globus;
118 Verlag der Tagesspiegel, Berlin; *120* Switzerland Tourism/Weber, Model, Schmid, Zurich; *124*
Liechtensteinische Fremdenverkehrszentrale, FL—9490 Vaduz; *126* Austrian National Tourist Office, Vienna;
134 Hotel zur alten; *142* Text: Jürgen Hagel; *149* Austrian National Tourist Office, Vienna; *152* Art—Concerts
GmbH; *158 Die Woche; 169* © Wilhelm Heyne Verlag, Munich; *176* Burg Gymnasium; *177* "Eva: die grosse
Angst in der Schule und die kleinen Freuden danach" by Mirjam Pressler from *Bitterschokolade* (Munich:
Langenscheidt, 1992); *192–193* "Gedichte lesen" and "Eine Stunde" by Erich Fried from *Es ist was es ist:
Liebesgedichte, Angstgedichte, Zorngedichte* (Berlin: Wagenbach Verlag, 1983); *202* Bundesverband Deutscher
Omnibusunternehmer e.V.; *215* Weimar, Stiftung Weimarer Klassik/AKG London

Internet: www.mcdougallittell.com

CONTENTS

PREFACE

Welcome to the *Arbeitsheft* (Workbook and Laboratory Manual) that accompanies **Auf Deutsch! 1 Eins.** Each chapter of the *Arbeitsheft* is based on the corresponding chapter of the textbook, so that you may practice and review on your own what you are learning in class.

INTEGRATED LISTENING AND WRITING ACTIVITIES

Because your different senses and skills (listening, speaking, reading, writing) reinforce one another, listening and writing activities for each point in the text are integrated in the *Arbeitsheft*.

Listening activities, which may have written or oral responses, are coordinated with the Audio Program (Cassettes or CDs). You can use the Audio Program at home or at your school's language laboratory. Audio activities are marked with a headphone symbol .

Remember, it is best to listen to audio activities more than once: it will help you acquire German more quickly.

Written activities include an interesting mix of multiple choice, matching, fill-in, and open-ended questions that give you lots of opportunity to practice your vocabulary, grammar, and reading and writing skills. Many include pictures that will help you know how to respond. The written activities in each section move you gradually from simple to more complex activities.

Reading activities are marked with an open book symbol .

Writing activities are marked with a pen symbol ✒ .

PARALLEL ORGANIZATION

The structure of the preliminary chapter (*Einführung*) of the *Arbeitsheft* parallels that of the *Einführung* in your textbook. Chapters 1–12 are also organized similarly to the textbook, as follows:

Videothek helps you practice your listening and speaking skills as you review the content of the video episode.

Vokabeln gives you plenty of practice with the thematic vocabulary presented in the two vocabulary sections in the textbook.

Strukturen presents a variety of activities on each grammar point covered in the corresponding section of the textbook. As in all other sections, you have an opportunity to practice orally as well as in writing.

Aussprache is a pronunciation section. This section of the *Arbeitsheft*, in conjunction with the Audio Program, presents focused information and practice of German pronunciation, with tips and reminders in English.

Einblicke integrates chapter vocabulary and grammar while expanding on the cultural information in your textbook. Activities are based on listening passages and authentic texts and other materials from the contemporary German-language press. This section keeps you up-to-date on everyday life around the German-speaking world.

Perspektiven also integrates chapter vocabulary and grammar as you practice your skills in listening, reading, and writing in their cultural contexts.

- *Hör mal zu!* is an extended listening comprehension activity that expands on the listening activity in the textbook chapter.
- *Lies mal!* provides practice in reading comprehension based on texts that are mostly taken from authentic German-language publications.
- *Schreib mal!* provides comprehensive, guided practice in writing sentences and paragraphs in German for practical purposes. It is often based on the reading topic or the topic in the *Einblicke* section.

After every third chapter there is a review chapter called a *Wiederholung*. This, too, parallels the organization of the textbook. Each *Wiederholung* in the *Arbeitsheft* is organized as follows:

Videothek reviews the content of the three video episodes you have already watched while allowing you to further practice your listening and speaking skills.

Vokabeln integrates practice of all the vocabulary you have learned throughout the previous three chapters.

Strukturen integrates practice of all the grammar you have learned throughout the previous three chapters.

The *Wiederholung* chapters give you an opportunity to check your skills and make sure you are ready to move on to the next chapter.

ACKNOWLEDGMENTS

Many people have contributed to the publication of this book and deserve our grateful appreciation for their creative ideas and long hours of dedicated work: Nora Agbayani, Tracy Bartholomew, Karen W. Black, Claudia Bohner, Roger Coulombe, Sara Daniel, Marie Deer, Lori Diaz, Thalia Dorwick, Nikolaus Euba, Florence Fong, Leslie Hines, Paul Listen, Francis Owens, Peggy Potter, Diane Renda, Stacey Sawyer, Beate Schröter, Arden Smith, Louis Swaim, David Sweet, Gregory Trauth, Sharla Volkersz, Anja Voth, and Beatrice Wikander.

EINFÜHRUNG

DAS ALPHABET UND DIE AUSSPRACHE

A. Das ABC-Gedicht. Du hörst nun ein ABC-Gedicht. Sprich in jeder Pause nach, was du hörst. Sprich am Schluss das ganze Gedicht mit. (HINT: *You will hear an alphabet poem. Repeat the letters and phrases in each pause. The last time through, repeat the entire poem along with the speaker.*)

a	b	c	d	e		Der Kopf tut mir weh,
f	g	h	i	j	k	der Doktor ist da,
l	m	n	o			jetzt bin ich froh,
p	q	r	s	t		es ist wieder gut, juchhe,
u	v	w	x			jetzt fehlt mir nix,
y	z					jetzt geh ich ins Bett.

B. Wie heißen sie? Schreibe die deutschen Namen, die buchstabiert werden. (HINT: *What are their names? Write the German names that you will hear spelled.*)

Du hörst: J wie Jürgen
Du schreibst: J
Du hörst: O
Du schreibst: O

1. *Johann* _____ Sebastian 2. *Bach* _____

3. *Sigmund* _____ 4. *Freud* _____

5. *Steffi* _____ Graf

6. Martin *Heidegger* _____

7. Rosa *Luxemburg* _____

C. Wörter, die du kennst. Ordne die folgenden zehn Wörter in das deutsche Kreuzworträtsel. (HINT: *You may already know several German words. Write the German equivalents of these English expressions in the crossword puzzle. When you're done you'll find the name of a car company, reading down the boxes.*)

verboten
Kindergarten
Angst   Blitz
Gemütlichkeit
wunderbar
Fahrvergnügen
Rucksack
Zeitgeist
Gesundheit

1. *fun with driving*　F A H R [V] E R G N Ü G E N

2. *not allowed*　V E R B [O] T E N

3. *flash*　B [L] I T Z

4. *place for children*　[K] I N D E R G A R T E N

5. *backpack*　R U C K [S] A C K

6. *wonderful*　[W] U N D E R B A R

7. *fear*　[A] N G S T

8. *coziness*　[G] E M Ü T L I C H K E I T

9. *spirit of the age*　[Z] E I T G E I S T

10. *health*　G E S U [N] D H E I T

11. Wie heißt die Firma?　V O L K S W A G E N

D. Werbung. In der deutschen Werbung sieht man oft englische Wörter. Schau dir die Werbung an und suche die englische Übersetzung der deutschen Wörter. (HINT: *English words often appear in German advertising. Look at the ads and find the English translations of the following German expressions.*)

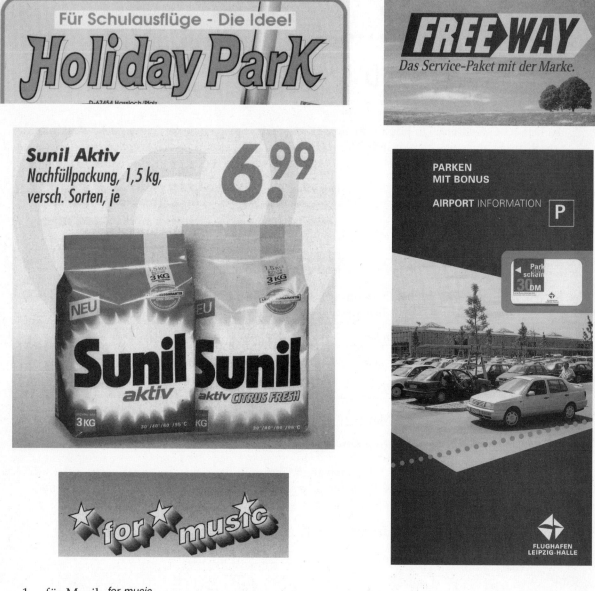

1. für Musik *for music*

2. zitrusfrisch *CITRUS FRESH*

3. der freie Weg *FREE WAY*

4. der Freizeitpark *Holiday Park*

5. die Flughafeninformation *AIRPORT INFORMATION*

WILLKOMMEN IM DEUTSCHKURS!

A. Willkommen im Deutschkurs. Du hörst Begrüßungen und Verabschiedungen. Beantworte den Gruß in der Pause. (HINT: *You will hear greetings and farewells. Reply to the greetings in the pauses.*)

Du hörst: Guten Tag!
Du siehst: . . . , Frau Koch!
Du sagst: Guten Tag, Frau Koch!
Du hörst: Guten Tag, Frau Koch!

1. . . . , Frau Endermann!
2. . . . , Herr Braun!
3. . . . , Herr Kaiser!
4. . . . , Lorenz!
5. . . . , Claudia!

B. Schreib mal. Jetzt hörst du die Begrüßungen und Verabschiedungen noch einmal. Vervollständige die Sätze. (HINT: *Now listen to the complete conversations again, and write in the missing greetings and farewells below.*)

1. _____ Guten Morgen _____ , Frau Endermann!
2. _____ Guten Tag _____ , Herr Braun!
3. _____ Hallo _____ , Herr Kaiser!
4. _____ Auf Wiedersehen _____ , Lorenz!
5. _____ Tschüss _____ , Claudia!

C. Was machst du? Deine Lehrerin sagt . . . Was machst du oder sagst du? Kreuze die richtige Handlung an. (HINT: *Your teacher says . . . What do you do or say in response? Check the box for the appropriate action.*)

1. a. ☐ Ich sage: Auf Wiedersehen.
   b. ☑ Ich mache das Buch auf.
   c. ☐ Ich mache das Buch zu.

2. a. ☐ Ich sage: Willkommen!
   b. ☐ Ich spreche allein.
   c. ☑ Wir sprechen alle zusammen.

3. a. ☑ Ich spreche Deutsch.
   b. ☐ Ich spreche Englisch.
   c. ☐ Ich sage: Guten Morgen!

4. a. ☐ Ich sage: Guten Tag!
   b. ☑ Ich sage: Auf Wiedersehen!
   c. ☐ Ich mache das Buch auf.

IM KLASSENZIMMER

A. Das Klassenzimmer. Ein Student beschreibt das Klassenzimmer. Umkreise die Wörter, die du hörst. (HINT: *A student is describing the classroom. Circle the words you hear.*)

(das Buch)	der Kugelschreiber	(der Stuhl)	(die Tafel)
das Fenster	der Overheadprojektor	(der Tisch)	(die Tür)
das Heft	der Schüler	(die Kreide)	die Uhr
das Papier	der Schwamm	(die Lehrerin)	(die Wand)
der Bleistift			

B. Stimmt das oder stimmt das nicht? Schau dir das Bild an und beantworte die Frage wie im Beispiel. (HINT: *Right or wrong? Look at the picture and answer the question according to the example.*)

Du siehst:

Du hörst: Ist das der Tisch?
Du sagst: Nein, das ist der Stuhl.
Du hörst: Nein, das ist der Stuhl.

1. 2. 3. 4. 5.

C. Was ist das? Schau dir das Bild an und schreibe die Antwort wie im Beispiel. (HINT: *What is it? Look at the picture and write what it is according to the example.*)

MODELL: → Das ist die Kreide.

1. 2. 3.

Das ist der Kugelschreiber.   Das ist das Heft.   Das ist der Schwamm.

4.   5.

Das ist die Uhr.   Das ist der Schüler. / Das ist der Student.

DIE KARDINALZAHLEN

A. Wir zählen. Wiederhole die Zahlen in den Pausen. (HINT: *Repeat the numbers in the pauses provided.*)

0–10	11–20	21–30	10–100	100–1000
null				
eins	elf	einundzwanzig	zehn	hundert
zwei	zwölf	zweiundzwanzig	zwanzig	zweihundert
drei	dreizehn	dreiundzwanzig	dreißig	dreihundert
vier	vierzehn	vierundzwanzig	vierzig	vierhundert
fünf	fünfzehn	fünfundzwanzig	fünfzig	fünfhundert
sechs	sechzehn	sechsundzwanzig	sechzig	sechshundert
sieben	siebzehn	siebenundzwanzig	siebzig	siebenhundert
acht	achtzehn	achtundzwanzig	achtzig	achthundert
neun	neunzehn	neunundzwanzig	neunzig	neunhundert
zehn	zwanzig	dreißig	hundert	tausend

B. Telefonnummern. Du hörst einige Telefonnummern. Schreib sie auf. Du hörst jede Nummer zweimal. (HINT: *You will hear several phone numbers. Write them down. You will hear each number twice.*)

Du hörst: Heikes Telefonnummer ist drei fünf, acht null, neun sieben. Also noch mal: drei fünf, acht null, neun sieben.

Du schreibst: 35 80 97.

Heike
35 80 97

Marion
47 11 23
1.

Das
Filmtheater
Rheinhausen
56 17 34
2.

Herr und Frau
Lehmann
08012 / 295
3.

Jetzt antwortest du auf die Fragen mit der Telefonnummer. (HINT: *Now listen to the questions and answer with the phone numbers in the pauses provided.*)

Du hörst: Wie ist die Telefonnummer von Heike?
Du sagst: Die Nummer ist drei fünf, acht null, neun sieben.
Du hörst: Die Nummer ist drei fünf, acht null, neun sieben.

C. Mathematik. Du hörst einige Rechenaufgaben. Löse sie! (HINT: *You will hear several subtraction and addition problems. Answer them in the pauses provided.*)

Du hörst: Wie viel ist eins plus eins?
Du sagst: Eins plus eins ist zwei.
Du hörst: Eins plus eins ist zwei.

1. ...   2. ...   3. ...   4. ...   5. ...

D. Was ist die Nummer? Schreibe die Nummer in Zahlen. (HINT: *What is the number? Write the number in digits.*)

1. dreiundvierzig _____43_____   3. siebenhundertsechzehn _____716_____

2. hundertdrei _____103_____   4. siebzehnhundertsechsundsiebzig _____1776_____

DIE WOCHENTAGE

A. Der unvollständige Kalender. Ergänze die Wochentage! (HINT: *Complete the weekdays in the calendar.*)

3. August	M _o_ _n_ tag
4. August	_D_ i _e_ n _s_ _t_ a g
5. August	_M_ i _t_ _t_ _w_ _o_ c _h_
6. August	_D_ o _n_ _n_ er _s_ _t_ _a_ _g_
7. August	_F_ _r_ _e_ _i_ _t_ _a_ g
8. August	_S_ _a_ m _s_ _t_ a _g_
9. August	S _o_ n _n_ t _a_ g

B. Welcher Tag ist das? Jetzt hörst du ein Datum. Schau dir den Kalender an und sag, welcher Wochentag das ist. (HINT: *What day is it? Now you will hear a date. Look at the calendar in Activity A and say the corresponding day of the week.*)

Du siehst: 9. August
Du hörst: 9. August
Du sagst: Sonntag.
Du hörst: Sonntag.

1. 5. August
2. 7. August
3. 3. August
4. 6. August
5. 8. August
6. 4. August

UHRZEIT

• •

A. Wie spät ist es? Freunde und Passanten fragen dich nach der Uhrzeit. Sag ihnen, wie spät es ist. (HINT: *What time is it? Friends and passers-by ask you for the time. Tell them what time it is.*)

Du hörst: Wie spät ist es?
Du sagst: Es ist zwei Uhr zehn.
Du hörst: Zwei Uhr zehn. Vielen Dank.

B. Wie viel Uhr ist es? Jetzt fragst du nach der Uhrzeit. Hör zu und schreib die Antwort. (HINT: *What time is it? Now you are asking the time. Listen and write the answer.*)

Du fragst: Wie viel Uhr ist es?
Du hörst: Es ist Viertel vor acht.
Du schreibst: 7.45

1. _____9.30_____
2. _____3.20_____
3. _____5.21_____
4. _____1.45_____
5. _____11.55_____
6. _____9.17_____

WO SPRICHT MAN DEUTSCH?

Wer spricht Deutsch? Wo spricht man Deutsch? Wo ist Deutsch die offizielle Sprache? Wo
sprechen viele Menschen Deutsch? (HINT: *Who speaks German? Where is German spoken? You will hear
the names of the countries indicated on the map below. As you hear the country's name, point to it. Then
you will hear information about countries in which German is spoken. Label each country with OL (official
language) if German is the official language and MP (many people) if it is spoken as a native language by many
people in that country.)*

KAPITEL 1

ARBEITSLOS

VIDEOTHEK

● ●

A. Was antworten diese Leute? Hör genau zu und ergänze die Antworten. Du hörst die Gespräche zweimal. (HINT: *How do these people answer? Listen carefully and write down the answers. You will hear the conversations twice.*)

1. MARION: Hi.

   RÜDIGER: _d. Hi._____

2. RÜDIGER: Tag, Herr Koslowski.

   HEINZ: _f. Tag, Rüdiger._____

3. PROFESSOR: Hallo, Marion! Schön, Sie wieder zu sehen.

   MARION: _a. Guten Tag, Herr Professor._____

4. MARION: Hallo, Professor!

   PROFESSOR: _c. Hallo._____

5. MARION: Guten Tag!

   PROFESSOR: _b. Guten Tag._____

6. MARION: Wie geht es Ihnen?

   PROFESSOR: _e. Mir geht es gut. Danke._____

   MARION: Das ist schön.

a. Guten Tag, Herr Professor.
b. Guten Tag.
c. Hallo.
d. Hi.
e. Mir geht es gut. Danke.
f. Tag, Rüdiger.

B. Wer sagt das? Schreibe auf, wer was sagt. Ist das Vera, Heinz, Marion oder Lars? (HINT: *Write down who says what: Vera, Heinz, Marion, or Lars.*)

1. _____Heinz_____ Na, geh'n wir lieber zu Fuß! Is' ja auch viel gesünder.

2. _____Marion_____ Na, wie war's?

3. _____Heinz_____ Nichts! „Für eine Vermittlung sind Sie zu alt."

4. _____Vera_____ Wir schaffen das schon! Du und ich!

5. _____Heinz_____ Ist Marion noch nicht zurück?

6. _____Lars_____ Ich weiß, wo die ist. Die hab' ich mit Rüdiger am Sportplatz gesehen.

7. _____Vera_____ Wegziehen. Wegziehen!

8. _____Heinz_____ Das ist doch nicht dein Ernst?

VOKABELN

A. Stimmt das oder stimmt das nicht? Judith beschreibt ihre Familie. Hör zu und markiere JA oder NEIN. (HINT: *Right or wrong? Listen as Judith describes her family, and mark yes [JA] or no [NEIN].*)

		JA	NEIN
1.	Mein Vater ist Jens.	☐	✓
2.	Mein Vater ist fünfundsechzig Jahre alt.	✓	☐
3.	Meine Mutter Dorothee ist vierundsechzig Jahre alt.	☐	✓
4.	Ich habe vier Geschwister.	☐	✓
5.	Ulrike ist verheiratet.	✓	☐
6.	Ulrike und Klaus-Peter haben vier Kinder.	☐	✓
7.	Jens ist dreiunddreißig Jahre alt.	✓	☐
8.	Konstanze und Peter haben fünf Kinder.	☐	✓
9.	Falk ist mein Bruder.	☐	✓

B. Wer ist wer? Jetzt hörst du Judith noch einmal. Welches Wort passt? (HINT: *Who's who? Now you will hear Judith again. Use the words below to finish these sentences about her family.*)

Bruder
Eltern
Geschwister
Frau
Schwestern
Vater
Tochter

1. Judith ist Dorothees und Ulrichs _____Tochter_____.
2. Ulrike und Konstanze sind Judiths _____Schwestern_____.
3. Judiths _____Bruder_____ ist Jens.
4. Ulrike, Konstanze, Jens und Judith sind _____Geschwister_____.
5. Dorothee und Ulrich sind Judiths _____Eltern_____. Dorothee ist Ulrichs _____Frau_____.
6. Judiths _____Vater_____ ist Ulrich.

C. Judiths Familie. Jetzt hörst du mehr darüber, wie die Familienmitglieder von Judith miteinander verwandt sind. Antworte wie im Beispiel. (HINT: *Now you will hear more about how Judith's family members are related. Respond as in the example below.*)

Du hörst: Judith ist Dorothee und Ulrichs Tochter.
Du siehst: Dorothee und Ulrich: Judith
Du sagst: Dorothee und Ulrich sind Judiths Eltern.
Du hörst: Ja, Dorothee und Ulrich sind Judiths Eltern.

1. Judith, Ulrike und Konstanze: Ulrich
2. Judith: Jens
3. Jens: Dorothee
4. Judith: Rebecca
5. Judith: Ulrike und Konstanze
6. Ulrich: Dorothee

D. So ist das nicht. Finde das Gegenteil. (HINT: *Complete the sentences with the opposite adjectives and adverbs.*)

1. Heinz Koslowski ist nicht angestellt. Er ist _____ arbeitslos _____.

2. Lars ist nicht groß. Er ist _____ klein _____.

3. Marion ist nicht glücklich. Sie ist _____ unglücklich _____.

4. Vera ist nicht faul. Sie ist _____ fleißig _____.

5. Rüdiger ist nicht alt. Er ist _____ jung _____.

E. Wer ist wie? Lies den Brief und umkreise die Eigenschaften der Personen. (HINT: *What are these people like? Read Christiane's letter describing her new friends, and circle the appropriate adjectives for each person.*)

> Liebe Mutti,
>
> ich wohne jetzt in Berlin. Hier habe ich schon viele nette Menschen kennen gelernt. Am liebsten mag ich Majid Er kommt aus dem Iran, und er ist sehr schön. Ich finde ihn auch interessant. Marina ist meine Freundin. Sie kommt aus Ungarn. Sie ist sympathisch und lustig. Marina erzählt immer romantische Geschichten. Mein Freund Oliver ist ruhig und nett. Leider ist er gerade krank.
>
> Viele Grüße,
>
> deine Christiane

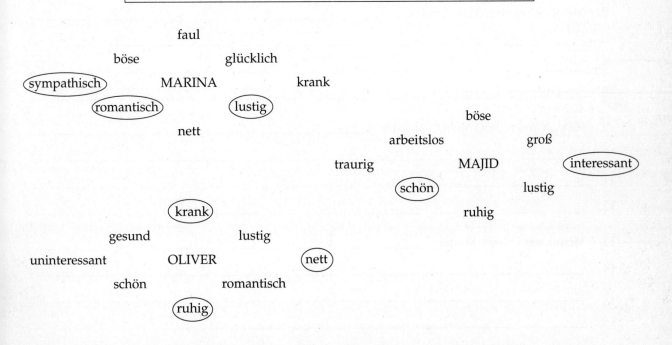

F. Drei Generationen. Beschreibe die Generationen in Sätzen. (HINT: *Describe the people in the family portrait in whole sentences.*)

MODELL: Christian/Jürgen →
Christian ist der Sohn von Jürgen.

1. Jürgen/Paul *Jürgen ist der Großvater von Paul.*
   _____

2. Christian/Paul *Christian ist der Vater von Paul.*
   _____

3. Paul/Jürgen *Paul ist der Enkel von Jürgen.*
   _____

4. Jürgen/Christian *Jürgen ist der Vater von Christian.*
   _____

5. Paul/Christian *Paul ist der Sohn von Christian.*
   _____

G. Ich bin . . . Beschreibe dich und deine Familie. Benutze dazu Adjektive und Adverbien. (HINT: *Describe yourself and your family in four sentences each. Use adjectives and adverbs. If you prefer, you can choose other family members to describe than those listed here.*)

1. Ich bin Answers will vary. _____.

2. _____

3. _____

4. _____

5. Meine Schwester/Mein Bruder _____.

6. _____

7. _____

8. _____

9. Meine Großmutter/Mein Großvater _____.

10. _____

11. _____

12. _____

13. Mein Vater/Meine Mutter _____.

14. _____

15. _____

16. _____

STRUKTUREN

• •

A. Beschreibungen. Dein Bruder sitzt neben dir und kann deine Telefongespräche nicht verstehen. Wiederhole die Informationen, um ihn zu beruhigen. (HINT: *Your brother wants to know what people are telling you on the telephone. Repeat the information that you hear so he won't be so frustrated.*)

Daniela

Jürgen

Ali

Du hörst: Ich heiße Daniela. Ich bin 23 Jahre alt.
Du siehst: Daniela / 23 Jahre alt
Du sagst: Sie heißt Daniela. Sie ist 23 Jahre alt.
Du hörst: Sie heißt Daniela. Sie ist 23 Jahre alt.

1. ruhig und sympathisch
2. Jürgen / ziemlich neugierig
3. jung und romantisch
4. Ali / glücklich
5. lustig

Jetzt hör noch mal genauer hin, was am Telefon gesagt wird. Frag nach, um sicher zu sein, dass du die Informationen verstehst. (HINT: *Now turn your attention back to the telephone. Make sure of the information you're being given by asking for confirmation. Follow the example below.*)

Du hörst: Wir heißen Ali und Sulamin.
Du siehst: ihr: Ali und Sulamin?
Du fragst: Ihr heißt Ali und Sulamin?
Du hörst: Ihr heißt Ali und Sulamin?
Ja, wir heißen Ali und Sulamin.

6. ihr: glücklich in Berlin?
7. du: 23 Jahre alt?
8. du: Jürgen?
9. du: ruhig und sympathisch?

B. Daniela, Jürgen und Ali. Jetzt hörst du mehr von Daniela, Jürgen und Ali. Ergänze die fehlenden Wörter. Du hörst jede Beschreibung zweimal. (HINT: *Now you will hear Daniela, Jürgen, and Ali talking about themselves some more. Fill in the blanks with the missing words. You will hear each passage twice.*)

1. Ich _____heiße_____[1] Daniela. Ich bin 23 Jahre alt und ich komme aus Neckargemünd, das _____ist_____[2] bei Heidelberg. Ich _____bin_____[3] ruhig und sympathisch. Meine Eltern _____heißen_____[4] Katrin und Horst. Mein Vater ist bei einer großen Firma _____angestellt_____.[5]

2. Hallo, ich _____bin_____[6] Jürgen. Ich komme aus Jena und ich bin 18 Jahre alt. Ich bin ziemlich _____neugierig_____,[7] manchmal bin ich auch böse. Meine Freundin heißt Petra und sie ist sehr _____nett_____.[8] Ihre Tante _____heißt_____[9] Bärbel und ist sehr lustig.

3. Ich _____heiße_____[10] Ali. Sulamin ist meine _____Mutter_____,[11] und wir wohnen in Berlin. Mein Vater _____heißt_____[12] Zafer. Meine Eltern _____sind_____[13] aus der Türkei. In der Türkei habe ich eine _____große_____[14] Familie. Bei meinen Großeltern ist es immer interessant und nie _____langweilig_____.[15]

C. Wichtige Fragen. Beantworte die Fragen mit **heißen** oder **sein**. (HINT: *Answer the questions you hear using the verbs **heißen** and **sein**.*)

1. ... 2. ... 3. ... 4. ... 5. ... 6. ... 7. ...

D. Im Klassenzimmer. Du hörst, welche Dinge es in einem Klassenzimmer gibt. Schreib auf, welche Artikel du hörst und welche Personalpronomen dazu passen. (HINT: *You will hear a list of several items that can be found in a classroom. Write down the definite articles you hear and the pronoun that corresponds to the article*).

Du hörst: der Bleistift
Du schreibst: der   er

	ARTIKEL	PRONOMEN
1.	das	es
2.	die	sie
3.	der	er
4.	das	es
5.	die	sie
6.	die	sie

E. Die Artikel-Körbe. Schreibe die Nomen in die passenden Artikel-Körbe. (HINT: *Write the nouns in the basket with the matching article.*)

Bleistift
Bruder
Buch
Fahrrad
Fenster
Kind
Kugelschreiber
Mutter
Schwester
Student
Studentin
Stuhl
Tafel
Tisch
Vater

der

Bleistift

Bruder, Kugelschreiber, Student, Stuhl, Tisch, Vater

die

Mutter, Schwester, Studentin, Tafel

das

Buch, Fahrrad, Fenster, Kind

F. Und der Plural? Ergänze die Lücken mit dem Plural. (HINT: *Fill in the blanks with the plural forms of the nouns you see here.*)

1. Juliane hat ein großes Haus. Sven und Nadine haben auch große _____*Häuser*_____.

2. Jens hat ein altes Radio. Lena und Erkan haben laute _____*Radios*_____.

3. Michael hat eine interessante Lampe. Marion hat zwei _____*Lampen*_____.

4. Lars hat einen Stuhl. Familie Koslowski hat achtzehn _____*Stühle*_____.

5. Lars ist ein Freund von Jens. Lars und Jens sind _____*Freunde*_____.

G. Ali. Ergänze die Pronomen. Die unterstrichenen Wörter helfen dir. (HINT: *Fill in the missing pronouns. They refer to the underlined nouns.*)

Ali will ein neues Radio. Aber ____es____ ¹ ist sehr teuer. Ali kommt aus Berlin. ____Er____ ² hat dort viele

Freunde. ____Sie____ ³ sind lustig und nett. Alis Mutter ist bei einer großen Firma angestellt. ____Sie____ ⁴

arbeitet jeden Tag. Alis Vater ist arbeitslos. ____Er____ ⁵ sagt zu Ali: „Deine Mutter und ich, ____wir____ ⁶

sind nicht sehr reich. Aber ____wir____ ⁷ sind glücklich. Ali, bist ____du____ ⁸ auch glücklich?" Ali sagt: „Ja,

denn du und Mama, ____ihr____ ⁹ seid freundlich und nett."

H. Sechs Personen. Bilde Sätze aus den Wörtern in der Tabelle. (HINT: *Write sentences based on the information in the chart below.*)

MODELL:	ich	Paulin	freundlich

Ich heiße Paulin, und ich bin freundlich.

1.	ich	Joachim	nett
2.	du	Maria	interessant
3.	er	Gernot	neugierig
4.	wir	Babsi und Steffi	gesund
5.	ihr	Corinna und Alex	fleißig
6.	sie	Herr und Frau Ulten	lustig

1. *Ich heiße Joachim, und ich bin nett.*

2. *Du heißt Maria, und du bist interessant.*

3. *Er heißt Gernot, und er ist neugierig.*

4. *Wir heißen Babsi und Steffi, und wir sind gesund.*

5. *Ihr heißt Corinna und Alex, und ihr seid fleißig.*

6. *Sie heißen Herr und Frau Ulten, und sie sind lustig.*

AUSSPRACHE

The Vowels *a*, *e*, and *i*

German has both long and short vowel sounds.

A. The Vowel *a*

Long **a.**

Listen and repeat.

> Name
> sagen
> haben
> Abend
> Vater
> Zahlen
> Aachen
> Aal

Short *a*. This vowel is similar in sound quality to the long **a** but much shorter.

Listen and repeat.

> Stadt
> Land
> alt
> Halle
> wann
> was
> das
> man

Listen to the following contrasts and repeat. Contrast: long **a** / short **a.**

> Ahne/Anne
> Gram/Gramm
> Schal/Schall
> Bahn/Bann
> Staat/Stadt
> Wahn/wann
> fahl/Fall
> Wahl/Wall
> Aal/All

Satzbeispiele. Listen to the following sentences and circle all the long **a** sounds. You will hear each sentence twice.

1. Mein Name ist Anton.

2. Guten Abend, Marion.

3. Wandern in Aachen macht Spaß.

Now listen to the sentences again and repeat them in the pauses provided.

B. The Vowel *e*

Long *e*. To pronounce the long **e**, the lips should be open and drawn back. Hold the jaw in place to avoid a glide.

Listen and repeat.

> Leben
> Egon
> Peter
> gehen
> zehn
> See
> Beet
> den

Short *e*. With the short **e**, you will notice a difference in sound quality from the long **e**.

Listen and repeat.

> Eltern
> jetzt
> Geld
> elf
> Mensch
> Essen
> Wetter
> gesellig

Listen to the following contrasts and repeat. Contrast: long **e** / short **e**.

> beten/Betten
> Kehle/kennen
> Met/Mett
> legt/leckt
> Tee/Teller
> Hefe/Hefte

Satzbeispiele. Listen to the following sentences and circle all the long **e** sounds. You will hear each sentence twice.

1. Erika findet das Essen gut.

2. Herr Lehmann geht Tee trinken.

3. Das Wetter in Eberbach ist heute schlecht.

Now listen to the sentences again and repeat them in the pauses provided.

C. The Vowel *i*

Long *i*. This sound is similar to the English long *e,* but it is pronounced without the off-glide.

Listen and repeat.

Kino
Ida
prima
ihn
die
sieben
sie
spielen

Short *i*. The short i is pronounced like the English short *i*.

Listen and repeat.

Film
finden
Winter
Kinder
bitte
Zimmer
in
im

Listen to the following contrasts and repeat. Contrast: long **i** / short **i**.

bieten/bitten
Miete/Mitte
Stiel/still
ihm/im
schief/Schiff
wir/wirr
Miene/Minne
Biest/bist
Bienen/binnen

Satzbeispiele. Listen to the following sentences and circle all the short **i** sounds. You will hear each sentence twice.

1. „Himmel über Berlin" ist ein Film von Wim Wenders.

2. Ich bin aus Finnland.

3. Die Kinder spielen im Zimmer.

Now listen to the sentences again and repeat them in the pauses provided.

EINBLICKE

. . . .

A. Hör zu und sprich nach! (HINT: *Listen as the following regions in Germany are pronounced. Repeat in the pause provided.*)

das Erzgebirge   Bayern
der Schwarzwald   das Ruhrgebiet
Rügen

B. Wo ist das? (HINT: *The regions listed here correspond to the numbers on the map. Listen to some information about these regions. Write in the appropriate numbers in the spaces below.*)

___2___ das Erzgebirge

___4___ der Schwarzwald

___1___ Rügen

___3___ Bayern

___5___ das Ruhrgebiet

C. Wofür ist diese Region bekannt? (HINT: *Listen to the information about the regions again. Check off what is important for each region. Some regions will have more than one answer.*)

1. Rügen

   a. ____ Landwirtschaft

   b. ✓ Touristik

   c. ✓ Kreidefelsen (*chalk cliffs*)

2. Bayern

   a. ✓ Landwirtschaft

   b. ____ Kreidefelsen

   c. ✓ Oktoberfest

3. das Erzgebirge

   a. ✓ Touristik

   b. ✓ Weihnachtsdekorationen (*Christmas decorations*)

   c. ____ Landwirtschaft (*agriculture*)

4. das Ruhrgebiet

   a. ____ Weihnachtsdekorationen

   b. ____ Touristik

   c. ✓ Industrie

5. der Schwarzwald

   a. ✓ Touristik

   b. ____ Industrie

   c. ✓ Kuckucksuhren

D. Informationssilhouetten. Lies die Texte in den Silhouetten und fülle die Tabelle aus. (HINT: *Read the texts in the silhouettes and complete the table below.*)

ich heiße martina hingis und bin 18 jahre alt. ich bin 1,62 meter groß. ich wohne in trubbach in der schweiz und bin tennisprofi. meine freunde finden mich nett, freundlich und fleißig. tennis spiele ich in uropa, amerika, australien und asien.

mein name ist hans zimmer, und ich bin 41 jahre alt. ich habe eine frau und zwei kinder. ich komme aus frankfurt in deutschland. ich bin komponist für filmmusik. für die musik zu „könig der löwen" habe ich einen oskar bekommen. meine freunde finden mich sympathisch und fleißig.

	Martina Hingis	Hans Zimmer
Alter	18	41
Größe	1,62 m	—
Beruf	Tennisprofi	Komponist
kommt aus	Trubbach/Schweiz	Frankfurt/Deutschland
Eigenschaften	nett, freundlich, fleißig	sympathisch, fleißig

PERSPEKTIVEN

Hör mal zu!

A. Janine Rehfeldt. Ergänze die Sätze. (HINT: *Listen to the text and complete the passage with the missing words.*)

> Schülerin   eine
> ich   bin
> Tochter
> Name   Stuttgart
> wohne   aus   Berlin

1. _____Ich_____[1] bin Janine Rehfeldt aus _____Berlin_____.[2] Ich bin _____Schülerin_____.[3]

   Berlin ist _____eine_____[4] große Stadt.

2. Gerd Schneider hier _____aus_____[5] Kaiserslautern. Ich arbeite bei Opel, einer

   _____Tochter_____firma[6] von General Motors.

3. Mein _____Name_____[7] ist Jörg Dobmeier, und ich _____wohne_____[8] in Stuttgart. Ich

   _____bin_____[9] Dozent an der Musikhochschule hier. In _____Stuttgart_____[10] gibt es viel

   Industrie.

Lies mal!

LERNE EINEN CHATTER KENNEN!
Read what a young woman says about herself on her web page.

Nickname: tiger
Bürgerlicher Name: Marlene Hepach
Geburtstag: 15.05.1982
Wohnort: Berlin
Hobbys: Fechten, reiten, lesen, chatten, meine Schwestern ärgern, meine Lehrer nerven
Lieblingstiere: Pferde, Katzen
Lieblingsfilme und -serien: Star Wars (alle Filme), Harry und Sally, Der Club der toten Dichter, J.A.G.,
Picket Fences, Lois & Clark, B5, die Simpsons, The Cape und manchmal noch ST-DS9
Lieblingsbücher: Star Wars Bücher (bes. die X-Wing Bücher), Tanja-Kinkel-Bücher
Lieblingssongs: Der Fifty-Fifty Mix Superoldies und das Beste von heute (na, welcher Radiosender hat
diesen Werbespruch?)
Charakteristische Aussprüche: Das glaubst du doch selbst nicht!; Aber sicher!; Finger weg!; Ich lache;
Is' nich' wahr; Blödsinn!!!; Das kannst du ja nicht mal buchstabie-ren!
Und ganz zuletzt:
Leute, die ich grüssen möchte: Mino 333 (aka Blob), Katja, Dirk, Daniel und meine Mutti, Ines.

Wortschatz zur Webseite

fechten	to fence	Ich lache	Don't make me laugh [lit. I laugh]
ärgern	to annoy	Is' nich' wahr	
der Werbespruch	advertising slogan	[= Das ist nicht wahr]	That's not true
glauben	to believe	buchstabie-ren	
Aber sicher!	Of course!	[= buchstabieren]	to spell

B. Rate mal! (HINT: *Take a guess. Remember that good language learners take chances and make logical guesses. There are words on this Web page you don't know, but you can guess many of them. Think about categories of information you have seen on other personal Web pages. Scan through the text of the Web page first, then try to determine the following information.*)

1. This chatter's nickname is tiger. What is her given name? _Marlene Hepach_

2. How old is she? [*For her age, subtract 1982 from the current year.*]

   When is her birthday? _Marlene was born on May 15, 1982._

   What comes first in German, the month or the day? _The day comes before the month in German._

3. Where does she live? _in Berlin_

4. Tiger has several hobbies.

   Which German word means *to ride* (*horses*)? _reiten_

   Which word means *to read*? _lesen_

   Whom does she like to annoy? _her sisters and her teachers_

5. „Liebling-" begins the next four categories.

   What do you think this prefix means? _favorite_

   What do the four categories mean? _favorite animals, favorite films and TV series, favorite books, favorite songs_

6. In the category **Lieblingstiere,** tiger mentions two animals.

   What is the German word for *cats*? _Katzen_

   What is the word for *horses*? _Pferde_

7. Have you seen any of the movies or television programs tiger likes? Which ones? Do you like these too? What can you guess about German cinema and television?

   Answers will vary; one possible final answer is German cinema and television have been strongly influenced by American culture.

8. What do you think **charakteristische Aussprüche** means? _characteristic sayings (things Marlene says a lot)_

9. At the end tiger says hello to several people.

   Which person do you think is a fellow chatter? _Mino 333_

   Which family member does she greet? _her mother_

   What is this person's name? _Ines_

Schreib mal!

C. Wie ist es richtig? Welche Antworten passen zu den Fragen? (HINT: *How does it go? Which answers go with which questions?*)

1. _d_ Wie heißt du?

2. _e_ Wie alt bist du?

3. _b_ Wo wohnst du?

4. _c_ Wie ist deine Telefonnummer?

5. _a_ Was ist deine Hausnummer?

a. Meine Hausnummer ist. . . .
b. Ich wohne in. . . .
c. Meine Telefonnummer ist. . . .
d. Ich heiße. . . .
e. Ich bin . . . Jahre alt.

D. Und du? Beantworte die Fragen in **C** oben mit deinen eigenen Angaben. (HINT: *What about you? Answer the questions in C above with personal information.*)

1. Answers will vary. _____

2. _____

3. _____

4. _____

5. _____

E. Informationssilhouetten. Schau die Informationssilhouetten unter Einblicke noch einmal an. Male eine Silhouette für dich selbst. (HINT: *Look at the silhouettes in the **Einblicke** section of this chapter and create a similar one for yourself: sketch your outline, doing something typical for you, and inside it describe yourself in German as Martina and Hans have done.*) Answers will vary.

KAPITEL 2

Name _____

Datum _____

Klasse _____

KEIN GELD

VIDEOTHEK

• •

A. Was fehlt? Marion will nicht nach Köln ziehen. Ergänze die fehlenden Wörter. Du hörst den Text zweimal. (HINT: *What is missing? Marion doesn't want to move to Cologne. Write in the missing words. You will hear the text twice.*)

arbeitslos	Ich	Rüdiger
du	Ist	wir
es	Papa	

VERA: Marion, _____*du*_____¹ hast doch noch gar nichts gegessen.

MARION: Ich hab' keinen Hunger.

VERA: _____*Ist*_____² es wegen _____*Rüdiger*_____³?

MARION: Ich geh' nicht von ihm weg! . . . _____*Ich*_____⁴ kann doch nicht so kurz vor dem Abi die Schule wechseln!

VERA: Aber Marion, _____*es*_____⁵ ist doch noch gar nichts entschieden. . . . _____*Papa*_____⁶ ist jetzt seit über einem halben Jahr _____*arbeitslos*_____⁷. . . . Irgendwas müssen _____*wir*_____⁸ doch machen.

B. Marions Freundin Pia. Pia erzählt von sich und ihrer Familie. Nummeriere die Sätze in der richtigen Reihenfolge. (HINT: *Marion's friend Pia talks about herself and her family. Number the statements in the order in which you hear them.*)

1 Hallo, ich heiße Pia.

6 Wir machen alle das Abitur.

8 Er ist Friseur.

7 Mein Vater, Günther, ist nicht arbeitslos.

9 Tja, ich muss gehen.

2 Ich bin Marions Freundin.

10 Tschüss!

5 Mein Freund heißt Ali.

3 Wir gehen in die gleiche Schule.

4 Marion hat einen Freund, Rüdiger.

VOKABELN

A. Farben. Welche Farbe ist typisch? Nenne die typische Farbe. (HINT: *What color is typical? Say what the typical color is for each object.*)

Du siehst: die Kreide
Du hörst: die Kreide
Du sagst: Die Kreide ist weiß.
Du hörst: Die Kreide ist weiß.

1. das Papier
2. die Butter
3. der Kaffee
4. das Gras
5. die Rose

B. Stimmt das oder stimmt das nicht? Jörg erzählt von seinen Schulfreunden. Hör zu und kreuze an. (HINT: *Right or wrong? Listen as Jörg talks about his classmates. Mark the statements yes [JA] or no [NEIN].*)

		JA	NEIN
1.	Jens hat eine dunkelgrüne Hose.	☐	☑
2.	Claudias Haare sind braun.	☐	☑
3.	Peters Augen sind grün.	☑	☐
4.	Florians Hemd ist hellgrau.	☑	☐
5.	Christianes Schuhe sind orange.	☐	☑

C. Was machen diese Leute? Hör zu und kombiniere die Satzteile. Du hörst jeden Satz zweimal. (HINT: *What are these people doing on the days indicated? Listen, and combine the sentence parts by marking the appropriate letter in the blank. You will hear each sentence twice.*)

1. Ramona _d_
2. Gerald _e_
3. Angela _b_
4. Anne _a_
5. Andrea und Thomas _c_

a. spielt Fußball.
b. schwimmt.
c. gehen spazieren.
d. wandert.
e. geht ins Theater.

D. Du hörst drei Wörter. Welches Wort passt am besten in den Satz? (HINT: *You will hear three words. Choose the one that best completes the sentence and say the complete sentence aloud.*)

Du siehst: Mein Großvater ist . . .
Du hörst: billig   teuer   super
Du sagst: Mein Großvater ist super.
Du hörst: Mein Großvater ist super.

1. Der Bleistift ist . . .
2. Für Lars ist klassische Musik . . .
3. Marion findet Rüdiger . . .
4. Ein Overheadprojektor ist ziemlich . . .
5. Lars findet Computerspielen . . .

E. Farbenlehre. Welche Farben entstehen? Ergänze die Lücken. (HINT: *Which colors do you get when you mix them? Fill in the blanks.*)

MODELL: schwarz + weiß = grau

1. rot + blau = _____lila_____

2. weiß + _____rot_____ = rosa

3. _____blau_____ + gelb = grün

4. blau + weiß = _____hellblau_____

5. _____weiß_____ + grün = hellgrün

6. rot + gelb = _____orange_____

F. Welche Farbe? Welche Farbe assoziierst du mit diesen Wörtern? (HINT: *Which color is "angry"? Which colors do you associate with these words? There are no right or wrong answers, but compare your answers with your classmates'.*)

MODELL: alt → grau

1. böse _____Answers will vary._____

2. super _____

3. einfach _____

4. langweilig _____

5. teuer _____

G. Familie Koslowski. Was machen die Koslowskis gern in ihrer Freizeit? (HINT: *What does the Koslowski family like to do in their free time? Write sentences with* **gern**.)

1. Marion

2. Herr Koslowski

3. Frau Koslowski

4. Lars

5. Marion

1. Marion (schwimmt / segelt / tanzt)

   Marion _schwimmt gern._____.

2. Herr Koslowski (geht spazieren / spielt Fußball / kocht)

   Herr Koslowski _spielt gern Fußball._____.

3. Frau Koslowski (fotografiert / geht ins Kino / hört Musik)

   Frau Koslowski _fotografiert gern._____.

4. Lars (spielt Tennis / tanzt / spielt Computerspiele)

   Lars _spielt gern Computerspiele._____.

5. Marion (spielt Karten / wandert / schaut Fußball im Fernsehen)

   Marion _wandert gern._____.

H. Und du? Was machst du gern in deiner Freizeit? Schreib eine Liste. (HINT: *What do you like to do in your free time? Write a list.*)

MODELL: Ich spiele gern Tennis.

1. _Answers will vary._____
2. _____
3. _____
4. _____
5. _____
6. _____

STRUKTUREN

· ·

A. Marion kommt zu spät. Hör dir den Text an und ergänze die Lücken. (HINT: *Listen to the text and fill in the blanks with verbs from the list.*)

> hat   bist   sagt   ist
> gehen
> kommst   sind   geht

Marion und Rüdiger _____ *gehen* _____ [1] spazieren. Marion kommt zu spät nach

Hause, denn sie _____ *hat* _____ [2] keine Uhr. Lars, Heinz und Vera

_____ *sind* _____ [3] in der Küche und spielen Karten. Herr Koslowski sagt zu Marion:

„Warum _____ *kommst* _____ [4] du nicht pünktlich? Ich koche und du

_____ *bist* _____ [5] nicht zu Hause." Marion ist sauer und

_____ *geht* _____ [6] auf ihr Zimmer. Später _____ *sagt* _____ [7] Marion

zu ihren Eltern: „Es tut mir leid. Meine Uhr _____ *ist* _____ [8] kaputt."

B. Was machen diese Leute in ihrer Freizeit? Du hörst, was Marions Freunde in ihrer Freizeit machen. Sag, was sie machen. (HINT: *Listen to how Marion's friends spend their free time. Say what they do.*)

Du siehst: Sabine
Du hörst: Ich gehe ins Kino.
Du sagst: Sabine geht ins Kino.
Du hörst: Sabine geht ins Kino.

1. Sabine
2. Sven
3. Henning und Markus
4. Magalie
5. Markus
6. Carola
7. Sven und Sabine

C. Das Leben in Rheinhausen. Du hörst einen Satz und dann ein Personalpronomen. Bilde einen neuen Satz mit dem Personalpronomen. (HINT: *You will hear a sentence, then a personal pronoun. Make a new sentence using the pronoun and the correct verb form.*)

Du hörst: Marion kommt nach Hause / ich
Du sagst: Ich komme nach Hause.
Du hörst: Ich komme nach Hause.

    1. ... 2. ... 3. ... 4. ... 5. ... 6. ...

D. Juttas Familie. Jutta beschreibt ihre Familie. Hör zu und ergänze, was sie über die Familie sagt. (HINT: *Jutta is describing her family. Write in the verbs.*)

1. Meine Mutter Gertrud _____*sitzt*_____ auf einem Stuhl.

2. Meine Schwester Eva _____*kommt*_____ zur Tür herein.

3. Mein Vater _____*liegt*_____ im Bett.

4. Jost, mein Mann, _____*schreibt*_____ E-Mails am Computer.

5. Mein Sohn Niels _____*braucht*_____ neue Schuhe.

E. Nominativ und Akkusativ. Markiere in jedem Satz das Subjekt und das direkte Objekt. (HINT: *In each sentence, mark the nominative case with S [for subject] and the accusative case with DO [for direct object].*)

    MODELL: Die Studentin hat einen Bruder.
                S   DO

1. Die Schüler machen das Abitur.
       S   DO

2. Wir machen eine Pause.
    S   DO

3. Rüdiger braucht einen CD-Spieler.
     S   DO

4. Frau Lehmann schreibt einen Brief.
       S   DO

5. Habt ihr einen Hund?
     S   DO

F. Freizeitbeschäftigungen. Ergänze die Lücken mit den richtigen Verbformen. (HINT: *Choose the best verb and fill in the blanks with the correct form.*)

1. Marion und Rüdiger _____*tanzen*_____ gern. (tanze, tanzt, tanzen)

2. Frau Koslowski _____*schreibt*_____ gern Briefe. (schreiben, schreibt, schreibst)

3. _____*Spielst*_____ du gern Fußball, Vera? (Spiele, Spielst, Spielt)

4. Nein, ich _____*höre*_____ lieber Musik. (hört, hören, höre)

5. _____*Geht*_____ ihr ins Kino, Mutti und Papa? (Geht, Gehst, Gehe)

6. Nein, wir _____*gehen*_____ ins Theater. (gehe, geht, gehen)

G. Welche Verbform passt? Marions Freundin erzählt. Ergänze die Lücken mit einem passenden Verb und achte dabei auch auf die Verbform. (HINT: *Which verb fits? One of Marion's friends tells about her family. Fill in the blanks with a suitable verb from the list below, and pay attention to the correct verb endings.*)

arbeiten   machen   schwimmen

hören   spielen

haben

gehen

studieren   sein   wohnen

Meine Eltern _____*wohnen*_____[1] schon lange in Rheinhausen. Hier _____*haben*_____[2]

wir unsere Verwandten und Freunde. Ich _____*gehe*_____[3] hier auf die Schule. Bald

_____*mache*_____[4] ich das Abitur. Mein Vater _____*arbeitet*_____[5] als Lehrer an der

Grundschule und meine Mutter _____*studiert*_____[6] Psychologie an der Universität. In ihrer

Freizeit _____*hört*_____[7] sie gerne Musik und _____*spielt*_____[8] Tennis. Marion und

ich _____*schwimmen*_____[9] oft im Rheinhausener Schwimmbad. Und Marion sagt immer zu mir:

„Du _____*bist*_____[10] meine beste Freundin."

H. Am Freitagabend. Was machst du gerne am Freitagabend? (HINT: *Write three sentences telling the three things you like doing most on Friday evenings.*)

MODELL: Ich spiele Gitarre.

1. Answers will vary. _____

2. _____

3. _____

I. Was man hat und was man braucht. Ergänze die Sätze mit **haben** und **brauchen** und den zwei direkten Objekten. (HINT: *Complete the sentences using **haben** and **brauchen** and the two direct objects indicated. Be sure to write the correct forms of the verbs and direct objects!*)

der Bleistift	der Lehrer	der Stuhl
das Buch	die Lehrerin	die Tafel
der Freund	der Overheadprojektor	der Tisch
die Freundin	der Schüler	das Wörterbuch
das Heft	die Schülerin	die Uhr

MODELL: Die Lehrerin **hat** schon **eine Schülerin** ____ ,

aber sie **braucht** noch **einen Schüler** ____ .

1. Du ___*hast*___ schon ___*ein Buch*___ , aber du

    ___*brauchst*___ noch ___*ein Wörterbuch*___

2. Sylvia ___*hat*___ schon ___*einen Freund*___ , aber

    Martin ___*braucht*___ noch ___*eine Freundin*___ .

3. Ich ___*habe*___ schon ___*einen Bleistift*___ , aber ich

    ___*brauche*___ noch ___*ein Heft*___

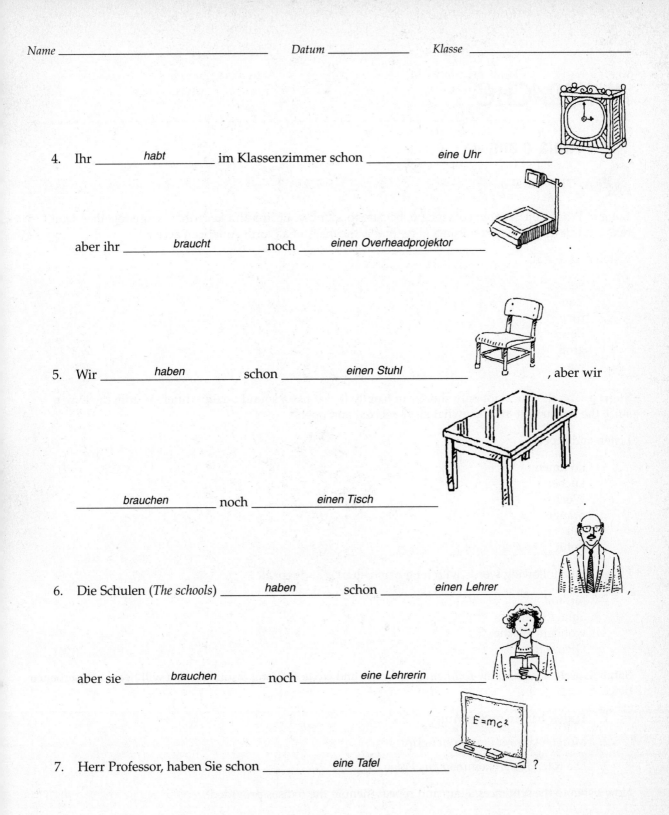

4. Ihr _____*habt*_____ im Klassenzimmer schon _____*eine Uhr*_____ ,

   aber ihr _____*braucht*_____ noch _____*einen Overheadprojektor*_____ .

5. Wir _____*haben*_____ schon _____*einen Stuhl*_____ , aber wir

   _____*brauchen*_____ noch _____*einen Tisch*_____ .

6. Die Schulen (*The schools*) _____*haben*_____ schon _____*einen Lehrer*_____ ,

   aber sie _____*brauchen*_____ noch _____*eine Lehrerin*_____ .

7. Herr Professor, haben Sie schon _____*eine Tafel*_____ ?

AUSSPRACHE

The Vowels *o* and *u*

 A. The Vowel *o*

Long *o*. When you pronounce a long **o**, be sure to round your lips and keep them close together. Don't relax your jaw; this may result in a glide that is the mark of a North American accent.

Listen and repeat.

> Sohn
> Zoo
> rot
> Boot
> groß
> wo

Short *o*. The short **o** is not only shorter in length, it also has a sound quality different from the long **o** since the lips have to be somewhat more relaxed and open.

Listen and repeat.

> kommen
> kochen
> Woche
> orange
> toll
> Bonn

Listen to the following words with long **o** and short **o** and repeat.

> tot/toll
> Sohn/Sonne
> wohnen/Woche
> Ofen/offen

Satzbeispiele. Listen to the following sentences and circle the long **o** sounds. You will hear each sentence twice.

1. Lothar hat ein großes Auto.

2. Morgen kommt Frau Lohengrin.

3. Die roten Rosen kommen aus Polen.

Now listen to the sentences again and repeat them in the pauses provided.

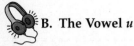

B. The Vowel *u*

Long *u*. To pronounce the long **u,** the lips must be rounded even more than when pronouncing the long **o.**

Listen and repeat.

     Bruder   ruhig   gut
     Uhr   Buch   Fußball

Note that **u** cannot be doubled.

Short *u*. The lips are a little more relaxed and open when pronouncing the short **u,** resulting in a sound quality slightly different from the long **u.**

Listen and repeat.

     Mutter   Nummer   null
     und   jung   kurz

Listen to the following words with long **u** and short **u** and repeat.

  Buch/Butter   Uhr/und   Mut/Mutter   Kuh/kurz

Satzbeispiele. Listen to the following sentences and circle the short **u** sounds. You will hear each sentence twice.

1. Meine Mutter ist sehr ruhig.

2. Marion ist klug, nicht dumm.

3. Alles Gute zum Geburtstag.

Now listen to the sentences again and repeat them in the pauses provided.

ZUSAMMENFASSUNG
Für alle kurzen und langen Vokale

Vowels are long when

- followed by a single consonant: **Leben, Bruder, groß**
- followed by an **h: ruhig, wohnen, ihn**
- doubled: **See, Zoo**

Note that

- **h** between two vowels is not really pronounced: **Schuhe, sehen**
- **i** followed by an *e* is always long: **die, spielen**
- **u** and **i** cannot be doubled, except in compound words

Vowels are short when

- followed by two or more consonants: **Land, Gott, oft, lassen**
- followed by one consonant in short words: **bin, es, das**

EINBLICKE

• •

A. Stefan in der Schule. Du hörst, was Stefan jeden Tag in der Schule macht. Beantworte die Fragen. (HINT: *You hear what Stefan does every day at school. As you hear about his day, answer the questions by circling the letter of the correct answer.*)

1. Wann beginnt die Schule?

   a. um 7.30   (b.) um 7.50   c. um 8.10

2. Was hat Stefan zuerst?

   a. Deutsch   b. Geschichte   (c.) Mathematik

3. Was hat Stefan um 12 Uhr?

   (a.) Biologie   b. Pause   c. Englisch

4. Warum ist das sein Lieblingsfach?

   (a.) Der Lehrer ist interessant.
   b. Der Lehrer ist Amerikaner.
   c. Er hat zwei Stunden Biologie.

5. Wann ist Stefan wieder zu Hause?

   a. um 1.30   b. um 1.45   (c.) um 2.00

6. Was macht er dann?

   a. Er macht die Hausarbeiten.   (b.) Er geht schwimmen.

B. Der Robinson Club Scuol Palace. Lies den Text und ergänze die Sätze. (HINT: *Read the text and complete the sentences by writing the missing information.*)

1. Das Clubgrundstück ist _____18 700_____ Quadratmeter groß.

2. Es liegt _____1200_____ Meter über dem Meeresspiegel.

3. Es liegt in einem _____Park_____.

4. Es ist _____60_____ Kilometer von Sankt Moritz und _____40_____ Kilometer von Davos entfernt.

Der Robinson Club Scuol Palace

Standort:
18 700 qm Clubgrundstück, 1200 m ü. d. M., inmitten eines Parks am Inn gelegen, 60 km von St. Moritz, 40 km von Davos entfernt.

Sport und Fitness:
Aerobic, Bergwandern, Biken, Billard, Canyoning, Gleitschirmfliegen, Golf, Gymnastik, Jogging, Schwimmen, Tennis, Tishtennis, Wellness, Wildwasserfahren.

Einrichtungen:
Robin-Store, Diskothek, Hallenbad mit Whirlpool, Theater, Massage, Sauna.

Preis inklusive Event:
ab 854 Mark

Buchungsschlüssel: BAC 69063
Buchungstips
auf Seite 31

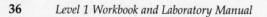

C. Drinnen oder draußen? Lies den Text in der Aktivität B noch einmal. Mach drei Listen, eine Liste für Aktivitäten „drinnen", eine Liste für Aktivitäten „draußen" und eine Liste für Aktivitäten, die man drinnen oder draußen machen kann. (HINT: *Indoors or outdoors? Sort the sport and fitness activities from the ad in Activity B into three categories, one for "indoors," one for "outdoors," and one for things that can be done either indoors or outdoors.*)

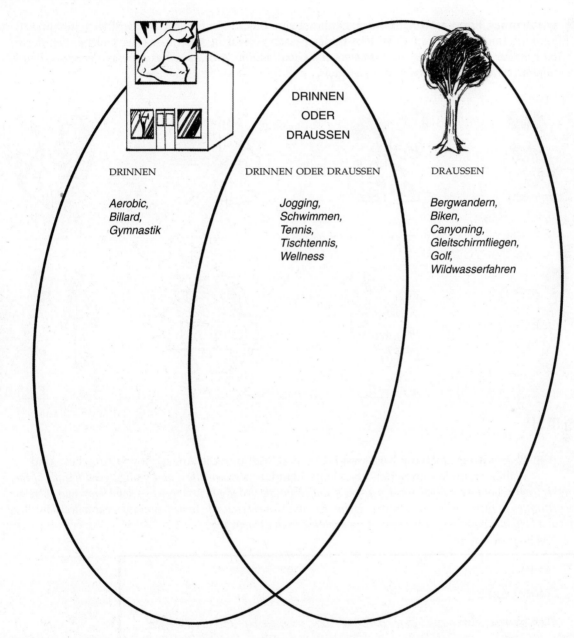

DRINNEN
ODER
DRAUSSEN

DRINNEN

Aerobic,
Billard,
Gymnastik

DRINNEN ODER DRAUSSEN

Jogging,
Schwimmen,
Tennis,
Tischtennis,
Wellness

DRAUSSEN

Bergwandern,
Biken,
Canyoning,
Gleitschirmfliegen,
Golf,
Wildwasserfahren

PERSPEKTIVEN

Hör mal zu!

A. Johannes, Frank und Alexandra. Du hörst eine Beschreibung von drei Schülern, Johannes (J), Frank (F) und Alexandra (A). Welche Bilder passen zu welchem Schüler oder welcher Schülerin? (HINT: *You will hear a description of three students at a* **Gymnasium.** *Which pictures represent Johannes, Frank, and Alexandra? Write J, F, or A under each picture.*)

1. _J_   2. _A_   3. _F_   4. _J_

5. _A_   6. _F_   7. _A_   8. _F_

Lies mal!

B. Ein Brief an Heinz Koslowski. Lies den Brief und die Anzeigen von Anneliese und Walter, Freunden im Süden von Deutschland. (HINT: *Anneliese and Walter, good friends of the Koslowskis, live in Southern Germany. They sent six ads from their daily newspaper to show Heinz that there are job opportunities in their part of the country. Heinz Koslowski makes a table to help himself make a decision. Read the ads, and help him by filling in the correct information from each ad.*)

> Lieber Heinz!
>
> Hier einige Anzeigen aus unserer Tageszeitung. Du siehst, es gibt genug Arbeit. Zieht doch zu uns in den Süden.
>
> Viele liebe Grüße auch an Vera und die Kinder!
> Eure Anneliese und Walter

1.

Müller's
Brillenstudio
AUGENOPTIK   KONTAKTLINSEN

... hat Brillen die nicht jeder trägt!

Lust auf Augenoptik?

Welche (r) AUGENOPTIKER(in)
möchte in einem
starken Team in unserem

2. Geschäft
in Höchberg

ab sofort selbständig
neue Aufgaben übernehmen..?

Nehmen Sie die Herausforderung
an und setzen Sie sich mit uns
in Verbindung.

HAUPTSTRASSE 50A · 97201 HÖCHBERG · TEL.: 40 82 41

2.

Hauswart für Speditionsanwesen, mögl.
mit FS Kl. II u. handwerkl. Fähigkeiten
gesucht. Schöne 2-ZW bei Mietver-
gütung in Wiesentheid vorhanden.
☎ 09383/6081

3.

Sie suchen einen sicheren
Arbeitsplatz?
Dann kommen Sie zu uns.
Wir suchen
4 Schlosser aller Fachrichtungen
Informieren Sie sich!
Tel.: 09 31/35 57 50

4.

Wir suchen für eine freiberufliche Anstellung auf Honorarbasis:
Dozenten/-innen für **Netzwerk-Administration**
Themenbereiche:
**Windows NT-Netzwerke, Novell-Netware 4.1,
NT & Novell, TCP/IP & HTML-Anwendungen**
Nähere Informationen unter ✉ 877407 Z

5.

**Kaufhausdetektive/-innen mit Erfah-
rung gesucht.** ☎ 0911/4625155, Montag von 10–12 Uhr u. 13–16 Uhr

6.

Zuverlässige
Reinigungskraft
2x wöchentlicn für unsere Nieder-
lassung gesucht, Arbeitszeit ca. 8
Std. pro Woche.   Tel. 09 31/96 88-0

	Wer?	Was?	Wo?	Wann?	Kontakt?	Extras?
1	Augenop-tiker(in)	Müllers Brillenstudio, 2. Geschäft	Höchberg	ab sofort		
2	Hauswart	Speditions-anwesen	Wiesentheid		09383-6081	schöne 2-Zimmer Wohnung
3	Schlosser				09 31/ 35 57 50	
4	Dozenten/-innen	Netzwerk-Administration			877407 Z	
5	Kaufhaus-detektive/-innen				0911/ 4625155	
6	Reinigungs-kraft	Niederlassung		8 Stunden pro Woche, 2 × wöchentlich	09 31/ 96 88–0	

C. Was denkst du? (HINT: *Speculate about Heinz Koslowski's reaction to the ads.*)

1. Welche Anzeige findet Herr Koslowski interessant? Warum? Answers will vary. _____

_____

2. Welche Anzeige(n) findet er gar nicht interessant? Warum? _____

_____

Schreib mal!

D. Postkarte aus den Ferien. Schreib einem Freund / einer Freundin eine Postkarte aus den Ferien. Benutze die Ausdrücke unten oder andere, die du kennst. (HINT: *Write a friend a postcard from your vacation, and use the expressions below or others you know.*)

segeln

Tennis spielen

???

???

Karten spielen

wandern

???

schwimmen

fotografieren

spazieren gehen

Lieber _____ Answers will vary.

Liebe _____

_____

_____

_____

_____

_____

_____

viele Grüße

WIE GEHT ES PAPA?

VIDEOTHEK

A. Wer sagt was? Hör dir das Minidrama an und markiere, wer was sagt. Du hörst das Minidrama zweimal. (HINT: *Who says what? Listen to the minidrama and mark who says what with the appropriate letters. You will hear the passage twice.*)

H (Heinz Koslowski)   B (Herr Becker)   V (Vera Koslowski)

1. _V_ Jetzt setz dich doch!

2. _H_ Heute ist Dienstag.

3. _B_ Dann zeige ich Ihnen jetzt noch Ihre neue Wohnung.

4. _V_ Heinz, glaubst du, hier passt unser Küchenschrank hin?

5. _B_ Ja, wir machen es alles so, wie Sie es haben wollen.

6. _V_ Marion! Was machen wir bloß mit Marion?

B. Marions Wohnung. Welche Reihenfolge ist richtig? Markiere von 1 bis 9. Du hörst Marions Gespräch zweimal. (HINT: *In what order does Marion mention the rooms and things in her apartment? Mark them from 1 to 9. You will hear Marion's conversation twice.*)

_3_ das Badezimmer

_7_ das Bett

_2_ der Herd

_9_ die Lampe

_8_ der Nachttisch

_6_ das Schlafzimmer

_1_ der Sessel

_5_ der Spiegel

_4_ die Toilette

C. Was weißt du schon über Marion? Ergänze die Sätze. (HINT: *Fill in the blanks with what you already know about Marion.*)

1. Ich heiße Marion _____Koslowski_____.

2. Ich wohne in _____Rheinhausen_____.

3. Ich bin _____18_____ Jahre alt.

4. Lars ist mein _____Bruder_____ und _____Rüdiger_____ ist mein Freund.

5. Mein _____Vater_____ heißt Heinz.

Name _____

Datum _____

Klasse _____

VOKABELN

A. Wohnungen. Anja, Daniel, René und Anne erzählen von ihren Wohnungen. Welche Zimmer hat jeder in seiner Wohnung? (HINT: *You will hear several people talk about their apartments. Mark the rooms that each person mentions, and specify the number if there's more than one of a certain type of room.*)

	Anja	Daniel	René	Anne
Diele			✓	
Küche	✓	✓	✓	✓
Bad	✓	✓		✓
Schlafzimmer	✓	*zwei*	✓	✓
Wohnzimmer		*zwei*	✓	✓
Esszimmer			✓	

B. Tanja beschreibt ihre Wohnung. Hör zu und frag nach. Was hat Tanja in der Wohnung? Was haben ihre Verwandten? (HINT: *Listen as Tanja describes her apartment, and ask her about what she says, just to make sure. Her relatives have more of everything than she does!*)

Du hörst: In meiner Küche gibt es eine Mikrowelle.
Du fragst: Eine Mikrowelle?
Du hörst: Ja, eine Mikrowelle. Und meine Mutter hat zwei.
Du fragst: Zwei Mikrowellen?
Du hörst: Ja, zwei Mikrowellen.

   1. ...   2. ...   3. ...   4. ...   5. ...

C. Zwei Bilder. Was fehlt im zweiten Bild? (HINT: *Write down the furnishings and other items that are missing from the second picture.*) Order of answers may vary.

ES FEHLEN . . .

1. *das Kopfkissen* _____

2. *der Teppich* _____

3. *das Telefon* _____

4. *der Nachttisch* _____

5. *die Lampe* _____

6. *die Zimmerpflanzen* _____

7. *die Kommode* _____

8. *die Stereoanlage* _____

9. *die Standuhr* _____

D. Ich brauche . . . Was brauchst du unbedingt in deiner Küche? Was brauchst du überhaupt nicht? (HINT: *What do you absolutely need in your kitchen? What do you not need at all? List at least three things you need and two things you don't. Remember to use the accusative.*)

Ich brauche . . .

ein/eine/einen	kein/keine/keinen
Answers will vary. Possible answers include	
eine Geschirrspülmaschine; eine Lampe; eine	*keine Geschirrspülmaschine; keine Lampe;*
Mikrowelle; eine Zimmerpflanze; einen Herd;	*keine Mikrowelle; keine Zimmerpflanze; keinen Herd;*
einen Kühlschrank; einen Stuhl; einen Tisch/Esstisch;	*keinen Kühlschrank; keinen Stuhl;*
ein Waschbecken.	*keinen Tisch/Esstisch; kein Waschbecken.*

E. Was ist denn hier los? Was passt zusammen? (HINT: *What's the matter? Correct the statements. Rearrange the following elements to make the most logical connections.*) Some answers may vary slightly.

Ich schlafe	ein neues Buch.
Johannes fährt	Deutsch.
Martin liest	fern.
Sigrid isst	im Wald.
Uta spricht	Fahrrad.
Dorothea sieht	am Esstisch.
Erich läuft	im Bett.

1. *Ich schlafe im Bett.*

2. Johannes fährt Fahrrad.

3. Martin liest ein neues Buch.

4. Sigrid isst am Esstisch.

5. Uta spricht Deutsch.

6. Dorothea sieht fern.

7. Erich läuft im Wald.

F. Was macht deine Familie nicht gern? Schreib Sätze. (HINT: *What do your family members dislike doing? Write sentences.*)

MODELL: Meine Oma fährt *nicht gern* Fahrrad.

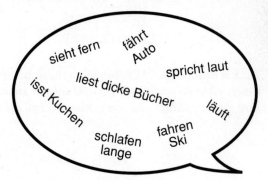

1. Mein Opa Answers will vary.

2. Meine Mutter und mein Vater

3. Meine Tante

4. Mein Cousin

5. Mein Bruder

G. Deine Lieblingsbeschäftigungen. Was tust du gern? (HINT: *Describe your favorite activities for each time below.*)

1. Am Wochenende Answers will vary.

2. Am Montag

3. Am Freitag

4. Am Abend

STRUKTUREN

• •

A. Familie Wiedemann. Du hörst eine Geschichte über die Familie Wiedemann. Schreib alle Verben, die du hörst, im Infinitiv. (HINT: *You will hear a story about the Wiedemann family. Write down the infinitives of all the verbs you hear.*)

> laufen   trinken
> fahren
> essen   spielen
> fernsehen
>   aufstehen

Du hörst: Der Vater, Herbert, steht jeden Tag um sieben Uhr auf.
Du schreibst: aufstehen

1. _____ *trinken* _____

2. _____ *laufen* _____

3. _____ *fernsehen* _____

4. _____ *essen* _____

5. _____ *fahren* _____

6. _____ *spielen* _____

B. Wer macht was? Du hörst die Geschichte noch einmal. Suche das passende Bild zu jeder Aktion. (HINT: *Who does what? You will hear the story one more time. Find the picture that matches each verb.*)

Du hörst: Der Vater, Herbert, steht jeden Tag um sieben Uhr auf.
Du siehst: Bild e.
Du schreibst: aufstehen

a. _____ *laufen*

b. _____ *trinken*

c. _____ *essen*

d. _____ *spielen*

e. _____ *aufstehen*

f. _____ *fahren*

g. _____ *fernsehen*

C. Was macht Daniela gern? (HINT: *What does Daniela like to do? Form complete sentences from the cues you hear.*)

Du hörst: Auto fahren
Du sagst: Daniela fährt gern Auto.
Du hörst: Daniela fährt gern Auto.

    1. ...   2. ...   3. ...   4. ...   5. ...

D. Und die anderen? (HINT: *And what about the others? They like to do the same things Daniela does. Talk about what they like to do, based on what you hear.*)

Du hörst: Daniela fährt gern Auto.
Du siehst: Georg und Zino
Du sagst: Georg und Zino fahren gern Auto.
Du hörst: Georg und Zino fahren gern Auto.

1. Lena und Erkan
2. Ich
3. Ihr drei
4. Wir alle
5. Simon

E. Ein Interview. Du führst ein Interview mit einer neuen Schülerin. (HINT: *You are working for your high school newspaper and have been assigned to interview a new student. Ask questions, using the cues provided. You will hear your questions repeated. Finally, listen for her answers.*)

Du liest: lesen
Du sagst: Liest du gern?
Du hörst: Liest du gern?
Du hörst: Ja, ich lese gern, am liebsten Kriminalromane.

1. fernsehen
2. Fußball spielen
3. Liebesromane lesen
4. Auto fahren
5. im Park laufen
6. Wiener Schnitzel essen

F. Zwei Hausbesitzer. Zwei Hausbesitzer, Herr Braun und Frau Pfleger, sprechen über ihre Häuser. Kreuze an, was sie haben und was sie nicht haben. (HINT: *Two homeowners, Herr Braun and Frau Pfleger, are talking about their houses. Check off what they have and what they don't have.*)

	Herr Braun		Frau Pfleger	
	Das hat er	Das hat er nicht	Das hat sie	Das hat sie nicht
zwei Badezimmer	✓			✓
eine Geschirrspülmaschine	✓		✓	
drei Waschbecken	✓			
ein antiker Spiegel		✓	✓	
eine Mikrowelle		✓	✓	
eine Standuhr		✓	✓	
ein Klavier	✓			✓

G. Dieters Tagesablauf. Ergänze die Lücken mit den richtigen Verbformen. (HINT: *Fill in the blanks with the correct form of the verb in parentheses.*)

1. Jeden Tag _____*steht*_____ [1] Dieter um 8 Uhr _____*auf*_____.[2] (aufstehen)

2. Dann _____*isst*_____ [3] er Toast und Marmelade und _____*trinkt*_____ [4] eine Tasse

   Tee. (essen / trinken)

3. Er _____*putzt*_____ [5] die _____*Wohnung*_____ [6] oder _____*spricht*_____ [7] mit seinen

   Nachbarn. (Wohnung putzen / sprechen)

4. Danach _____*fährt*_____ [8] er zur Arbeit. (fahren)

5. Abends _____*sieht*_____ [9] er meistens _____*fern*_____ [10] und _____*geht*_____ [11] um

   elf Uhr _____*zu*_____ [12] _____*Bett*_____.[13] (fernsehen / zu Bett gehen)

H. Der Neinsager / Die Neinsagerin. Du hast einen schlechten Tag und gibst deinen Freunden auf alle Fragen eine negative Antwort. (HINT: *You are having a bad day; answer all of your friends' questions with a negative statement.*)

MODELL: Hast du eine große Wohnung? →
Nein, ich habe keine große Wohnung.

1. Kommst du aus Unterpfaffenhofen?

    Nein, ich komme nicht aus Unterpfaffenhofen.

2. Bist du nett und freundlich?

    Nein, ich bin nicht nett und freundlich.

3. Hast du einen Sofatisch?

    Nein, ich habe keinen Sofatisch.

4. Hast du ein Waschbecken?

    Nein, ich habe kein Waschbecken.

5. Kommst du mit ins Kino?

    Nein, ich komme nicht mit.

I. Ein Interview. Eine Privatdetektivin stellt dir einige Fragen. Beantworte sie so ehrlich wie möglich und mit ganzen Sätzen. (HINT: *A private investigator is asking you some questions. Answer them as honestly as possible, with complete sentences.*)

1. Um wie viel Uhr stehst du auf?

    Answers will vary.

2. Wie viele Stunden pro Tag siehst du fern?

3. Trinkst du lieber Wasser, Tee oder Orangensaft?

4. Liest du eine Tageszeitung?

5. Welche Filme siehst du besonders gern?

6. Nimmst du Vitamintabletten?

7. Was isst du am liebsten?

8. Spielst du gern Karten?

9. Welche Sachen hast du in deinem Zimmer?

AUSSPRACHE

· ·

The Vowels *ä, ö, ü*

Three German vowels—**a, o, u**—can be umlauted. That means that they are written with two dots on top: **ä, ö, ü.** The umlaut signals a distinct change in sound. German has both short and long umlauted vowels.

 A. The Vowel *ä.*

Long *ä.* This vowel is similar in sound to the long **e** as in **See** or **gehen.**

Listen and repeat.

> Mädchen
> erzählen
> Cäsar
> Aktivität
> Universität
> Qualität

Short *ä.* This vowel is the same sound as the short **e** in **essen** or **kennen.**

Listen and repeat.

> hässlich
> Ausländer
> Ärger
> nächste
> Dächer
> Plätze

Listen to the following contrasts and repeat. Contrast: long **a** / long **ä.**

> Vater/Väter
> Bad/Bäder
> schlafen/schläft

Contrast: short **a** / short **ä.**

> Platz/Plätze
> Land/Länder
> Mann/Männer

Contrast: short **ä** / long **ä.**

> Stätte/Städte
> Säcke/Säge
> Männer/Mähne

Satzbeispiele. Write in the missing **a** or **ä.** You will hear each sentence twice.

1. Wir f_*a*_hren n_*ä*_chstes J_*a*_hr n_*a*_ch _*A*_ltst_*ä*_tten.

2. M_*a*_rion f_*ä*_hrt mit der B_*a*_hn n_*a*_ch B_*a*_sel.

3. _*A*_n der Universit_*ä*_t gibt es _*a*_chtzig Studienpl_*ä*_tze für Ausl_*ä*_nder.

Now listen to the sentences again and repeat them in the pauses provided.

B. The Vowel ö.

Long ö. An easy way to learn to pronounce the long ö is by saying a long **e** as in **See,** then rounding your lips as if you were saying a long **o.**

Listen and repeat.

> hören
> möglich
> Österreich
> Möbel
> schön
> persönlich

Short ö. To pronounce the short ö, start with a short **e,** then round your lips. Your lips should be slightly more relaxed than when pronouncing the long ö.

Listen and repeat.

> zwölf
> Wörter
> können
> Förster

Listen to the following contrasts and repeat. Contrast: long ö / short ö.

> Höhle/Hölle
> Öfen/öffnen
> Tönchen/Tönnchen

Satzbeispiele. Write in the missing **o** or **ö.** You will hear each sentence twice.

1. Mari_o_n fährt _o_ft nach _Ö_sterreich.

2. Das S_o_fa ist sch_ö_n gr_o_ß.

3. Wir h_ö_ren zw_ö_lf neue W_ö_rter.

Now listen to the sentences again and repeat them in the pauses provided.

C. The Vowel *ü*

Long *ü*. Pronounce the long ü by saying a long **i** as in **spielen**, then holding this position and rounding your lips as if you were pronouncing **u**.

Listen and repeat.

> Grüße
> über
> natürlich
> Bücher
> Tüte
> müde

Short *ü*. To say the short **ü**, pronounce a short **i** as in **ist**, then round your lips to form a short **u**. Your lips should be more relaxed than when pronouncing the long **ü**.

Listen and repeat.

> Stück
> fünf
> fünfzig
> Glück
> Küche
> müssen

Listen to the following contrasts and repeat. Contrast: long **u** / long **ü**.

> Gruß/Grüße
> Hut/Hüte
> Buch/Bücher

Contrast: short **u** / short **ü**.

> null/fünf
> Mutter/Mütter
> Butter/Bütten

Satzbeispiele. Write in the missing **u** or **ü**. You will hear each sentence twice.

1. Wir haben f_*ü*_nf St_*ü*_hle.

2. _*U*_m zwei _*U*_hr hat Marion die Abit_*u*_rpr_*ü*_f_*u*_ng.

3. Herr Lehmann liest h_*u*_ndert B_*ü*_cher im Jahr.

Now listen to the sentences again and repeat them in the pauses provided.

EINBLICKE

A. Ein Haus zum Wachsen. Hör dir die folgenden Sätze an und wiederhole sie. (HINT: *Read the following sentences to yourself as you hear them on the tape, then repeat them out loud, following the speaker's pronunciation.*)

1. Das Haus hat zwei Stockwerke.
2. Das Erdgeschoss hat achtundachtzig Quadratmeter.
3. Das Erdgeschoss hat eine Küche und ein Bad.
4. Eine junge Kleinfamilie kann bequem im Erdgeschoss wohnen.
5. Der Eingangsbereich ist praktisch.
6. Das Gäste-WC und die Garderobe sind im Eingangsbereich untergebracht.

B. Kompakt wohnen. Lies den Text. Schau dir die Grundrisse an. (HINT: *Read the text and look at the floor plans shown here.*)

Mit zwei Stockwerken ist das ein Haus zum Wachsen. Da der EG[1]-Grundriss bereits sämtliche Wohnfunktionen berücksichtigt (drei separate Räume sowie Küche und Bad), kann eine junge Kleinfamilie zunächst ohne weniger Komfort auf 88 Quadratmeter bequem im Erdgeschoss wohnen. Wenn die Familie größer wird oder mehr Raum braucht, kann nach und nach das Dachgeschoss[2] ausgebaut werden. Praktisch ist der Eingangsbereich, in dem das Gäste-WC[3] und die Garderobe untergebracht sind.

[1]EG = Erdgeschoss *ground floor*   [2]*top floor, attic*   [3]WC = Toilette

a

1. Das Haus im Text ist ___c___.
   a. das Haus im Plan a
   b. das Haus im Plan b
   c. das Haus im Plan c

2. Eine ___b___ kann im Erdgeschoss wohnen.
   a. kranke Familie
   b. junge Kleinfamilie
   c. Großfamilie

Küche

b

3. Das Haus hat ___a___ Stockwerke.
   a. 2
   b. 12
   c. 20

4. Der Eingangsbereich ist ___c___.
   a. laut
   b. teuer
   c. praktisch

5. Das Gäste-WC ist ___a___.
   a. im Eingangsbereich
   b. in der Küche

Küche

c

Name _____ Datum _____ Klasse _____

KULTURTIPP

Compare the size of this prefabricated house to a typical American house. Many Germans choose such a house because it is so affordable. This is a popular floor plan because a family has room to expand. Germans generally tend not to move as often as Americans and often renovate rather than move.

C. Zum Schreiben. Beschreibe einen der Grundrisse aus der Aktivität B. (HINT: *Choose one of the floor plans in the previous exercise and imagine yourself in the house it represents. Answer the questions below with complete sentences. Allow yourself to speculate.*)

1. Wie viele Zimmer hat das Haus?

   Answers will vary.

   _____

2. Welche Zimmer sind im Erdgeschoss, welche Zimmer sind im Dachgeschoss?

   _____

   _____

3. Wie sind die Zimmer? (Die Küche ist groß, klein, hell, dunkel, grün. . . .)

   _____

   _____

4. Welche Möbel sind in den Zimmern?

   _____

   _____

5. Was brauchst du für das Haus?

   _____

   _____

6. Wo schläfst du?

   _____

   _____

7. Was ist dein Lieblingszimmer? Warum?

   _____

   _____

PERSPEKTIVEN

Hör mal zu!

A. Haus, Palast und Burg. Was fehlt? (HINT: *Complete the sentences with the information you hear. Watch out! The text you will hear is not identical to the one you see!*)

1. Ludwig van Beethoven ist am ___17. (siebzehnten)___ [1] Dezember, 1770 in Bonn geboren. Sein

   Geburtshaus hat ___2 (zwei)___ [2] Stockwerke. Die Zimmer sind ziemlich ___klein___ [3]

   und dunkel. Das Haus ___ist___ [4] ein Hinterhaus. Die Familie Beethoven

   ___hat___ [5] aber einen kleinen Garten.

2. Man schreibt das Jahr ___1750 (siebzehnhundertfünfzig)___ [6] Maria Theresias neue Residenz hat über

   ___1000 (tausend)___ [7] Zimmer. ___390 (Dreihundertneunzig)___ [8] Zimmer sind Wohnräume. Es gibt 139

   ___Küchen___ [9].

3. Martin Luther ist ein Gast auf der Wartburg. Die Wartburg ist ___ruhig___ [10] und romantisch.

   Dr. Luther hat ein schönes Arbeitszimmer mit einem großen Schreib___tisch___ [11] Es

   ___gibt___ [12] sehr viele andere Zimmer, die schönsten ___sind___ [13] der Festsaal

   und der Rittersaal. Die Küche ist aber primitiv.

Lies mal!

LESETIPP

Visuals can help you to predict the meaning of a text. Look at the pictures below and guess the topic of the following nursery rhyme. You have already seen that cognates help you understand a text. Now, combine your knowledge of cognates with your prediction and match the four pictures with the topics of the stanzas.

„WER WILL FLEISSIGE HANDWERKER SEHN?"

Refrain: Wer will fleißige Handwerker sehn,
der muss zu uns Kindern gehn.

1. Stein auf Stein, Stein auf Stein,
   das Häuschen wird bald fertig sein.

2. O wie fein, o wie fein,
   der Glaser setzt die Scheiben ein.

3. Tauchet ein, tauchet ein,
   der Maler streicht die Wände fein.

4. Zisch zisch zisch, zisch zisch zisch,
   der Tischler hobelt glatt den Tisch.

Wortschatz zum Lied

der Handwerker, -	*craftsman*	der Maler, -	*painter*
der Glaser, -	*glazier; someone who*	streichen	*to paint*
	installs or replaces windows	der Tischler, -	*cabinetmaker*
die Scheibe, -n	*window*	hobeln	*to plane*
eintauchen	*to dip in*		

B. Wer macht was? Bringe die Sätze in Ordnung. (HINT: *Who does what? Use the following cues to write sentences in the proper order.*)

Die Handwerker	hobelt	glatt den Tisch.
Der Maler	setzt	die Wände fein.
Der Glaser	setzen	die Scheiben ein.
Der Tischler	streicht	Stein auf Stein.

1. *Die Handwerker setzen Stein auf Stein.*

2. *Der Maler streicht die Wände fein.*

3. *Der Glaser setzt die Scheiben ein.*

4. *Der Tischler hobelt glatt den Tisch.*

C. Der Architekt plant dein Traumhaus. Was gibt es in deinem Traumhaus? Was gibt es nicht? (HINT: *Draw a floor plan of your dream house or apartment. Be sure to label all of the rooms and pieces of furniture in German.*) Answers will vary.

Schreib mal!

D. Beschreibe dein Traumhaus. (HINT: *Now write a brief description of your dream house or apartment. Mention rooms, and don't forget any other interesting features.*)

Answers will vary.

_____

_____

_____

_____

_____

_____

_____

_____

_____

E. Ein Vergleich. Beschreibe das Traumhaus deines Freundes und vergleiche es mit deinem Traumhaus. (HINT: *Look at your partner's floor plan and description, and compare its features with those of your dream house.*)

MODELL: Im Traumhaus von Eric gibt es nur ein Badezimmer, aber in meinem Traumhaus gibt es zwanzig Badezimmer. . . .

Answers will vary.

_____

_____

_____

_____

_____

_____

_____

_____

_____

_____

_____

Name _____

Datum _____

Klasse _____

WIEDERHOLUNG 1

VIDEOTHEK

Stimmt das oder stimmt das nicht? Du kennst schon drei Geschichten über Marion und ihre Familie. Stimmen die Aussagen? (HINT: *Right or wrong? Mark the following statements yes [JA] or no [NEIN], based on what you now know about the Koslowski family.*)

		JA	NEIN
1.	Heinz ist zu jung für eine Vermittlung.	☐	☑
2.	Rüdiger fährt Motorrad.	☑	☐
3.	Frau Mertens zieht nach Köln.	☐	☑
4.	Marion und Rüdiger machen ihr Abitur.	☑	☐
5.	Lars will gern umziehen.	☑	☐
6.	Heinz muss zum Frisör.	☐	☑
7.	Die Familie hält zusammen.	☑	☐
8.	Herr Becker ruft am Dienstag aus Köln an.	☑	☐
9.	Rüdiger zieht auch nach Köln.	☐	☑

VOKABELN

A. Irina beschreibt ihre Wohnung. Welche Zimmer erwähnt sie? In welcher Reihenfolge erwähnt sie die Möbelstücke? (HINT: *Listen to Irina describe her apartment. You will hear her description twice. The first time you listen, write down the rooms she mentions. The second time, indicate the order in which she mentions her furniture.*)

1. Zimmer: ___die Küche___

   _2_ Esstisch
   _1_ Herd
   _4_ Mikrowelle
   _3_ Stühle

2. Zimmer: ___das Wohnzimmer___

   _3_ Fernseher
   _1_ Sofa
   _2_ Sofatisch
   _5_ Stereoanlage
   _4_ Zimmerpflanzen

3. Zimmer: ___das Schlafzimmer___

   _1_ Bett
   _3_ Klavier
   _2_ Nachttisch
   _4_ Telefon

B. Willkommen. Wie begrüßt und verabschiedet man sich in Deutschland? Schreib fünf Möglichkeiten auf. (HINT: *How do Germans express hello and good-bye? Write down five expressions.*)

HELLO   Answers may vary.

1. _Guten Morgen._

2. _Guten Tag._

3. _Hallo._

GOOD-BYE

4. _Auf Wiedersehen._

5. _Tschüss._

C. So oder so? Wie sind diese Menschen? Beschreibe sie. (HINT: *Write sentences contrasting the following people.*)

MODELL: ?   Er ist neugierig. Sie ist uninteressiert.

1. _Er ist froh. Sie ist traurig._

2. _Sie ist gesund. Er ist krank._

3. _Sie ist groß. Er ist klein._

4. _Er ist jung. Sie ist alt._

alt
froh
gesund
groß
jung
klein
krank
neugierig
traurig
uninteressiert

D. Was machen diese Leute gern? Ergänze die Sätze. (HINT: *What do these people like to do? Fill in the missing activities.*)

1. Vera Koslowski ist sehr fleißig. Sie _____arbeitet_____ viel.

2. Rüdiger liebt Fernsehfilme. Er _____sieht_____ gern _____fern_____.

3. Frau Mertens liebt Theaterstücke. Sie _____geht_____ gern _____ins Theater_____.

4. Marion _____hört_____ Popmusik.

5. Lars _____spielt_____ gern Fußball.

6. Heinz _____trinkt_____ gern Kaffee.

STRUKTUREN

A. Was machen diese Leute gern? Lies die Hinweise unten und beantworte die Fragen, die du hörst. Benutze Personalpronomen für deine Antworten. (HINT: *What do these people like to do? Read the notes about what these people like to do and answer the questions, using a personal pronoun each time.*)

Du hörst: Was macht Marion gern?
Du sagst: Sie liest gern.
Du hörst: Sie liest gern.

1. Marion / Kriminalromane lesen
2. Herr Koslowski / Briefe schreiben
3. Lars und Sven / im Wald wandern
4. Frau Lehmann / Kaffee trinken
5. das Kind / Fußball spielen
6. du / ?

B. Paketdienst. Lies die Anzeige der Post und beantworte die Fragen. (HINT: *Read the ad for the German Parcel Post Service and answer the questions you hear.*)

ANZEIGE

An alle, die auf den Pfennig achten:

16 Pf/km.

der Zug

65 Pf/km.

das Flugzeug

230 Pf/km.

das Taxi

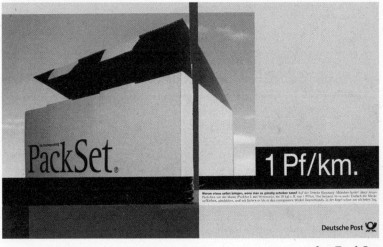

PackSet.

1 Pf/km.

Deutsche Post

das PackSet

Du hörst: Wie viel kostet es mit dem Zug?
Du sagst: Mit dem Zug kostet es sechzehn Pfennig pro Kilometer.
Du hörst: Sechzehn Pfennig.

1. ...   2. ...   3. ...

C. Ab München Hauptbahnhof. Wann fahren sie ab? Wann kommen sie an? (HINT: *Answer the questions about departure and arrival times. Write out the times.*)

Ab:	An:
München 7.12	Hannover 11.30
München 7.12	Hamburg 12.52
München 7.24	Wien 12.35
München 7.36	Frankfurt 11.10
München 7.36	Köln 13.00
München 7.46	Heidelberg 10.51

> MODELL: Die Kinder kommen um fünfundzwanzig Minuten vor eins in Wien an. Wann fahren sie von München ab? →
> Um sieben Uhr vierundzwanzig. / Um vierundzwanzig (Minuten) nach sieben.
>
> Martin kommt um dreizehn Uhr in Köln an. Wann fährt er von München ab? →
> Um sieben Uhr sechsunddreißig. / Um vierundzwanzig Minuten vor acht.

1. Johanna fährt um zwölf nach sieben von München ab. Wann kommt sie in Hannover an?

   Um halb zwölf. / Um elf Uhr dreißig.

2. Yvonne fährt um sieben Uhr sechsunddreißig von München ab. Wann kommt sie in Frankfurt an?

   Um zehn (Minuten) nach elf. / Um elf Uhr zehn.

3. Amir fährt um sieben Uhr sechsundvierzig von München ab. Wann kommt er in Heidelberg an?

   Um neun (Minuten) vor elf. / Um zehn Uhr einundfünfzig.

4. Meine Mutter kommt um acht vor eins in Hamburg an. Wann fährt sie von München ab?

   Um sieben Uhr zwölf. / Um zwölf (Minuten) nach sieben.

D. Was brauchen diese Leute? Schau dir das Beispiel an und schreibe Sätze. (HINT: *What do these people need? Follow the example and write sentences.*)

MODELL: Daniela: Kugelschreiber / Alban: blau →
Daniela braucht einen Kugelschreiber. Alban hat einen Kugelschreiber! Er ist blau.

1. Alban: Lampe / Thomas: alt

   Alban braucht eine Lampe. Thomas hat eine Lampe! Sie ist alt.

2. Thomas: Klavier / Paulin: laut

   Thomas braucht ein Klavier. Paulin hat ein Klavier! Es ist laut.

3. Paulin: Spiegel / Ali: groß

   Paulin braucht einen Spiegel. Ali hat einen Spiegel! Er ist groß.

4. Ali: Bücher / Daniela: interessant

   Ali braucht Bücher. Daniela hat Bücher! Sie sind interessant.

4 DER UMZUG NACH KÖLN

VIDEOTHEK

A. In welcher Reihenfolge hörst du das? Nummeriere die Aussagen. (HINT: *In what order do you hear these comments and questions? Number them in the order in which they are said.*)

_2_ Na, häng sie auf. Da zum Beispiel.

_4_ So, das wäre geschafft! Mann oh Mann, bin ich fertig.

_1_ Heinz, was mache ich denn jetzt mit all den Bildern?

_6_ Ach, die kommt schon klar. Sie ist doch schon ein Mädchen mit fast achtzehn Jahren.

_3_ Ich geh' ins Bett. Erste Nacht in Köln.

_5_ Was Marion jetzt wohl macht?

B. Danielas Wohnung. Daniela beschreibt ihre neue Wohnung. Was hat sie in ihrer Wohnung? Welche Gegenstände erwähnt sie? (HINT: *Daniela is describing her new apartment. Look at the sketch below and circle the items she mentions in her kitchen, bathroom, and bedroom.*)

Schlafzimmer

Wohnzimmer

[Students should draw couch and piano here]

Bad   Küche

C. Noch ein Zimmer! Welches Zimmer ist das? Was ist in dem Zimmer? (HINT: *Listen as Daniela describes one more room. On the drawing in B, above, write in the name of the room she describes, and draw the items she mentions.*)

VOKABELN

A. Wie wohnt . . . ? Stefan erzählt, wie seine Freunde wohnen. Was fehlt im Satz? (HINT: *Stefan is talking about where his friends live. Choose the correct completion for each sentence.*)

1. Timo wohnt _b_ auf dem Land.

2. Manuela wohnt _d_ in der Großstadt Berlin.

3. Kristin wohnt _f_ in Lübeck.

4. Karsten wohnt _a_ in Hamburg.

5. Jörg wohnt _e_ in München.

6. Susanne wohnt _g_ in Nürnberg.

a. in einer Altbauwohnung
b. in einem Bauernhaus
c. in einem Doppelhaus
d. in einer Eigentumswohnung
e. in einem Mietshaus
f. in einer Neubauwohnung
g. in einem Reihenhaus

B. Stimmt das oder stimmt das nicht? Ein Haus auf dem Land: Was erzählt Eva? Markiere JA oder NEIN. (HINT: *Things have changed for Eva and her family. Listen to what Eva said in March about their old living situation and what she said in October about their new living situation. Mark each statement yes [JA] or no [NEIN].*)

	JA	NEIN
MÄRZ		
1. Sie wohnen in einer Großstadt.	☑	☐
2. Peter und Eva wollen wegziehen.	☑	☐
OKTOBER		
3. Sie kaufen ein Haus auf dem Land.	☐	☑
4. Sie wohnen seit dem 10. September im neuen Haus.	☐	☑
5. Mit der Miete von der alten Wohnung bezahlen sie das neue Haus.	☑	☐
6. Felix und Helena spielen immer im Haus.	☐	☑

C. Warum? Begründe, warum diese Menschen dort wohnen. (HINT: *Listen to the following people talk about their homes. Give a reason why they live where they do.*)   Answers may vary.

1. Daniela

   Da ist es schön ruhig.

2. Lorenz

   Die Wohnung ist in der Nähe von meiner Schule.

3. Henna

   Da bin ich nie allein. Ich mag meine Nachbarn.

4. Michael

   Da ist es billiger als in der Stadt.

D. Abkürzungen. Finde den Ausdruck, der zu jeder Abkürzung passt. Dann suche auch die Kleinanzeige, in der diese Abkürzung steht. (HINT: *Match the abbreviations to their meanings. Then circle the numbers of the ads that have each abbreviation in them [some abbreviations are in more than one ad].*)

Einbauküche   Luxus   30 Minuten nach München
Neubaugebäude   Wohnfläche   Doppelhaushälfte   Zimmer
Einfamilienhaus   2-3 Monate   Altbauwohnung
groß   kleiner Balkon   Wohnzimmer
Dusche/Bad   München-Zentrum

1. **2-Zi.-Altbauwhg. ca. 76 m², AU,** renov., gr. Wo.Zi., Du./Bad, WC, ohne Prov., 1050,- + NK/HK, 3 MM Kaut., Besicht. 26.2., 13.30 h, Auerfeldstr. 28/I. OG.

   OERTLE ■■ ■■ HAUSVERWALTUNG LEOPOLDSTRASSE 48 TEL. 0 89/33 00 79-80

2. **Lux., voll ausgest. 2-Zi.-Whg.,** 60 m² in Mü.-Zentrum, U-Bahnnh., ab sof. f. ca. 2-3-Mon. an Nichtraucher zu vermieten. Miete warm **DM 1400,-.** ☎ **089/1501770 o. 089/5502525**

3. Bei Dasing: **DHH,** 6 Zi.; KB, **30 Min. n.** München, ruhig, **170 m²   Wfl.,   NBGebäude** 60 m² Büro, schöner Garten, vom Eigentümer Miete 1800,- +NK ☎ **08205/7498**

ABKÜRZUNG	BEDEUTUNG	KLEINANZEIGEN-NUMMER
DHH	Doppelhaushälfte	1 2 ③ 4 5
Wfl./Wohnfl.	Wohnfläche	1 2 ③ ④ 5
EFH	Einfamilienhaus	1 2 3 ④ 5
NBGebäude	Neubaugebäude	1 2 ③ 4 5
gr.	groß	1 2 ③ 4 5
Zi.	Zimmer	① ② ③ 4 ⑤
Lux.	Luxus	1 ② 3 4 5
Altbauwhg.	Altbauwohnung	① 2 3 4 5
Mü.-Zentrum	München-Zentrum	1 ② 3 4 5

4. **Wohnen auf dem Lande, großzügiges EFH, Neubau, Erstbezug,** Exklusivausstattung, 250 m² Wohnfl., in sonniger Dorflage, mit 3 Balkonen, Terrasse, Garten u. Doppelgarage, von Privat, Nähe B 15, **Neufahrn/Ndb.,** günstiger Mietpreis! Zuschr. u. ✉ZS8944924 SZ.

5. **2 1/2 Zi.** Eigentumswohnung in schöner Lage, 87 m2, EBK, kl. Blk. zu verkaufen wegen Umzug. Preis nach Absprache. ☎ **ab 20 Uhr 0221/51370.**

E. Wohnungssuche. Finde jetzt Wohnungen oder Häuser für die folgenden Leute. (HINT: *Find the houses or apartments that would be appropriate for the following people.*)

   MODELL: Für meine Eltern suche ich eine Eigentumswohnung. Wir wollen eine Neubauwohnung. → 5

1. Familie sucht Haus auf dem Land mit Garage. ___4___

2. Ich suche eine Altbauwohnung, 2 Zimmer, 70–80m2. ___1___

3. Nette Gruppe sucht großes Haus, 5–6 Zimmer, nicht in der Stadt! ___3___

F. Wo kann man das machen? Rate mal. (HINT: *Where can one do the following things? Make a guess.*)

> das Restaurant
> die Bank   die Fabrik
> das Kino   der Supermarkt
> der Berg   die Post
> der Strand   der Garten

1. Dort kann man schwimmen.   *der Strand*

2. Dort kann man Briefe abschicken.   *die Post*

3. Dort kann man Essen einkaufen.   *der Supermarkt*

4. Dort kann man wandern.   *der Berg*

5. Dort kann man Filme sehen.   *das Kino*

6. Dort kann man essen.   *das Restaurant*

G. Was stimmt? (HINT: *Find the appropriate completion for each of the following statements.*)

1. __*a*__ ist die Luft schmutzig.
    a. In der Stadt
    b. Im Dorf
    c. Auf dem Land

2. __*b*__ sind die Mieten billig.
    a. In der Bank
    b. Auf dem Land
    c. Im Supermarkt

3. __*a*__ wohnen viele Leute.
    a. In der Großstadt
    b. In der Kleinstadt
    c. Auf dem Land

H. Wie kommt man dahin? Bilde fünf Sätze. (HINT: *How do you get there? Write five sentences explaining how you get to various places.*)

MODELL: Ich gehe zu Fuß zur Bank.

mit dem Bus fahren	zur Bank
mit der Straßenbahn fahren	zur Fabrik
mit dem Auto fahren	zum Strand
mit dem Fahrrad fahren	zum Supermarkt
zu Fuß gehen	zur Post
	zum Café
	zum Kino
	zum Restaurant

1. Answers will vary.

2.

3.

4.

5.

STRUKTUREN

. . . .

A. Ein Interview. Nummeriere die Fragewörter in der Reihenfolge, in der du sie hörst. (HINT: *You will hear an interview with the famous German actor Siggi Moosgruber. Number the question words according to the order in which you hear them.*)

Wen?	7
Was?	2
Wann?	9
Wie?	1
	3
Warum?	5
Wo?	4
Wie viel?	6, 8

B. Das Interview geht weiter. Jetzt hörst du den zweiten Teil des Interviews. Kreuze an, welche Fragen Siggi Moosgruber mit JA und mit NEIN beantwortet. (HINT: *The interview continues. Listen to the second part of the interview and check off whether Siggi Moosgruber answers each question with yes [JA] or no [NEIN].*)

		JA	NEIN
1.	Wohnen Sie auch in Untermenzing?	☐	☑
2.	Ist Obermenzing schön?	☑	☐
3.	Wohnen Sie in einem historischen Haus?	☐	☑
4.	Haben Sie zwei Badezimmer?	☐	☑
5.	Gehen Sie in Ihrer Freizeit gerne spazieren?	☐	☑
6.	Und laufen Sie im Untermenzinger Wald?	☑	☐

C. Die Koslowskis in Köln. Du hörst, was die Koslowskis nach ihrem Umzug in Köln machen. Trage das Datum und was sie machen in die Tabelle ein. (HINT: *You will hear what the Koslowskis do after their move to Cologne. Complete the table with the missing dates and actions.*)

Wer?	Wann?	Was?
Lars	18. Februar	Tennis spielen
Frau Koslowski	27. Januar	einen Brief schreiben
Ihre Schwester Mimi	6. April	zu Besuch kommen
Herr Koslowski	30. März	Auto fahren
Er [Herr Koslowski]	5. Juli	einen Freund anrufen
Herr und Frau Koslowski	12. August	ein Glas Wein trinken

D. Geburtstage. Deine Eltern fragen dich nach den Geburtstagen deiner Freunde. Antworte ihnen. (HINT: *Your parents ask you for your friends' birthdays. Answer them.*)

Du hörst: Wann ist Daniels achtzehnter Geburtstag?
Du liest: 26. März: Daniel / 18
Du sagst: Daniels achtzehnter Geburtstag ist am sechsundzwanzigsten März.
Du hörst: Ah, am sechsundzwanzigsten März.

1. . . . 2. . . . 3. . . . 4. . . . 5. . . . 6. . . .

E. Gespräch mit Astrid. Du fragst Astrid Schlüter, eine Studentin aus München. Stelle die richtigen Fragen zu ihren Antworten. (HINT: *You are interviewing Astrid Schlüter, a student from Munich. Write down the questions that probably elicited the following answers.*)

DU: *Wie heißt du?* _____?

ASTRID: Ich heiße Astrid Schlüter.

DU: *Wo wohnst du?* _____?

ASTRID: Ich wohne in einer kleinen Wohnung in München.

DU: *Was/Wie ist deine Adresse?* _____?

ASTRID: Meine Adresse ist Siegesstraße 19.

DU: *Wie findest du München?* _____?

ASTRID: Ich finde München faszinierend.

DU: *Was gibt es in München?* _____?

ASTRID: In München gibt es Konzerte und Theater, viele Museen und die berühmte Frauenkirche.

F. Das nächste Gespräch. Jetzt fallen dir noch ein paar Sachen ein, die du Astrid beim nächsten Gespräch fragen willst. (HINT: *Now a few more questions come to your mind. You plan to ask them at your next interview with Astrid.*)

MODELL: fahren / Astrid / nach Nürnberg →
           Fährt Astrid nach Nürnberg?

1. trinken / Astrid / gerne Tee / mit Milch

    Trinkt Astrid gerne Tee mit Milch? _____

    _____

2. schreiben / Astrid / E-Mails oder Briefe

    Schreibt Astrid E-Mails oder Briefe? _____

    _____

3. anrufen / Astrid / ihren Freund Markus

    Ruft Astrid ihren Freund Markus an? _____

    _____

4. spazieren gehen / Astrid und Markus / im Park

    Gehen Astrid und Markus im Park spazieren? _____

    _____

G. Ein E-Mail-Interview. Jetzt führst du dein eigenes Interview. (HINT: *Now you should have enough ideas and structures to create and conduct your own interview with someone you know or find interesting. In the e-mail screen below, list eight questions that you want to ask.*)

AN:

VON:

DATUM:

THEMA: Meine Fragen

1. Answers will vary.
2. _____
3. _____
4. _____
5. _____
6. _____
7. _____
8. _____

H. Die Resultate. Was sagt denn dein Interviewpartner? (HINT: *What does your interviewee have to say? Once you have gotten answers to your interview questions, write them down here on your notepad. Correct any German mistakes your partner may have made, and make complete sentences if he or she forgot to.*)

Mein Interviewpartner: _____

Die Antworten:

1. Answers will vary.
2. _____
3. _____
4. _____
5. _____
6. _____
7. _____
8. _____

AUSSPRACHE

Diphthongs, Consonants, and Consonant Combinations

German has three diphthongs: **au**, **ei/ai** (or, less commonly, **ey/ay**), and **eu/äu**. They are not drawn out as is often done in American English.

A. The Diphthongs

The Diphthong *au*. Listen and repeat.

Frau
Auto
Traum
Haus
laufen
faul

The Diphthong *ei/ai/ey/ay*. Listen and repeat.

nein
kein
fleißig
Mai
Meyer
Bayern

The Diphthong *äu/eu*. Listen and repeat.

neun
heute
teuer
Häuser
läuft
Verkäufer

Satzbeispiele. Fill in the blanks with the words you hear. You will hear each sentence twice.

1. Das _____Haus_____ ist _____teuer_____.

2. Die _____Häuser_____ sind _____neu_____.

3. Die Studenten aus Bayern sind nicht _____faul_____, sie sind _____fleißig_____.

Now listen to the sentences again and repeat them in the pauses provided.

B. Consonants and Consonant Combinations

The Letter *v.* The letter **v** is usually pronounced like the letter *f* in English.

Listen and repeat.

Vater	vier
Vetter	voll

In words borrowed from other languages, the letter **v** is pronounced like the letter *v* in English, unless it is at the end of the word.

Listen and repeat.

Verb	Vampir
Venus	Vanille

The Letter *w.* The letter **w** is pronounced like the letter *v* in English.

Listen and repeat.

wer	wann
wie	wo
was	warum

The Letter *j.* The letter **j** is pronounced like the letter *y* in English.

Listen and repeat.

ja	Juni
Januar	jung

The Combination *sch.* The consonant combination **sch** is pronounced in a manner similar to the English *sh*, with the lips being a little more rounded.

Listen and repeat.

Schwester	Tisch
Geschwister	schlafen

The Combination *th.* The consonant combination **th** is pronounced like a **t.**

Listen and repeat.

Theater	Mathematik
Thomas	Goethe

Satzbeispiele. Fill in the blanks with the missing letters. You will hear each sentence twice.

1. Frau __W__ agner __w__ ohnt in __W__ eimar.

2. Der __V__ ater besucht den __V__ etter.

3. __J__ ürgen hat eine __Sch__ wester. Sie ist __j__ ung.

4. Im No __v__ ember kommt der __Sch__ nee und das kalte __W__ etter.

Now listen to the sentences again and repeat them in the pauses provided.

EINBLICKE

· ·

A. Stimmt das oder stimmt das nicht? Schau dir die Tabelle gut an und höre dir die Sätze an. Stimmen sie oder stimmen sie nicht? Markiere JA oder NEIN. (HINT: *Look at the following table listing various apartments available in Zurich, and then decide whether the statements you hear are true or false. Mark them yes [JA] or no [NEIN].*)

  (**Hörtipp:** *You will hear statements about what the apartments include. Before you do this exercise, stop the recording and scan the information in the* **Ausstattung** *column.*)

FREIE WOHNUNGEN IN ZÜRICH						
Wie viele Zimmer	Wo	Grösse	Preis Franken	Stockwerk	Ausstattung[a]	Adresse
1	Altstadt	40 m2	1152,-	1	B	Amtsgasse 11
2	Oberstrasse	39 m2	665,-	7	B, BK, GK, L	Schleuchzerstr. 85
$1\frac{1}{2}$	Affoltern	41 m2	564,-		G, W	Hungerbergstr. 16
$1\frac{1}{2}$	Hirslanden	51 m2	605,-	1	B, BK, GK	Gattikerstr. 5
2	Altstetten	42 m2	489,-	EG	B	Grünauring 15
$3\frac{1}{2}$	Industrie	78 m2	1544,-	4	A, B, BK, L, WC	Limmatstr. 184

[a]**Ausstattung:**
A: Abstellraum / B: Bad / BK: Balkon / G: Gartensitzplatz / GK: Glaskeramikherd / L: Lift / W: Waschmaschine / WC: separates WC

WORTSCHATZ ZUM LESEN

der Abstellraum	*storage space*
die Ausstattung	*furnishings, amenities*
das Erdgeschoss	*ground floor*
das Stockwerk	*story, floor (of a building)*
das WC	*restroom, toilet*

JA　NEIN

1. ☑ ☐
2. ☑ ☐
3. ☐ ☑
4. ☑ ☐
5. ☐ ☑

B. Freie Wohnungen in Zürich. Beantworte die Fragen! (HINT: *Answer the questions, based on the information in the table on the previous page.*)

1. Welche Wohnung hat nur ein Zimmer?

   Amtsgasse 11
   _____

2. Wie teuer ist die Wohnung im 4. Stockwerk?

   1544 Franken
   _____

3. Wo ist die Wohnung mit dem separaten WC?

   In Industrie (Limmatstr. 184)
   _____

4. Wie viele Zimmer hat die Wohnung mit dem Gartensitzplatz?

   1½
   _____

5. Wie groß ist die Wohnung im 7. Stockwerk?

   39 m2
   _____

C. Wohnungssuche in Zürich. Fünf Personen suchen Wohnungen in Zürich. Welche Wohnung ist ideal? (HINT: *Five people are looking for an apartment. Which would you pick for each person?*)

1. Suche Wohnung, 50m2–60 m2, mit Balkon

   Gattikerstr. 5
   _____

2. Familie, 4 Kinder, sucht Wohnung mit Bad und separatem WC

   Limmatstr. 184
   _____

3. Single—suche Wohnung, 1–2 Zimmer mit Bad im Erdgeschoss

   Grünauring 15
   _____

4. Ehepaar sucht moderne Wohnung im Zentrum, Hochhaus mit Lift, 35m2–40m2

   Schleuchzerstr. 85
   _____

PERSPEKTIVEN

. . . .

Hör mal zu!

A. Wo und wie wohnen sie? Drei Personen erzählen, wo und wie sie wohnen. Ordne die Informationen den richtigen Personen zu! (HINT: *Three people talk about where and how they live. Put the initial of the appropriate person in each blank to show to whom that piece of information refers.*)

WO:
K **Norden von Berlin**
D **Prenzlauer Berg**
H **Zentrum von Berlin**

D (Dirk)
H (Helga)
K (Karola)

WER HAT WAS:
D **Hochbett**
K **Balkon**
H **Nilpferd**

WAS FÜR EIN HAUS:
H **Hochhaus**
K **Reihenhaus**
D **Mietshaus**

B. Höre noch einmal genauer hin. Du hörst noch mal, was die drei Personen über ihre Wohnung erzählen. Wer erwähnt welche Zimmer? (HINT: *You will hear the same three people describe their living situations again. Who mentions which rooms?*)

	DIRK	HELGA	KAROLA
Arbeitszimmer	☐	✓	✓
Balkon	☐	☐	✓
Kinderzimmer	☐	☐	✓
Küche	☐	✓	☐
Schlafzimmer	✓	✓	☐
Wohnzimmer	☐	✓	✓

Lies mal!

Neue Wohnung, neue Möbel

Die Koslowskis sind in Köln. Jetzt haben sie eine große Wohnung und Frau Koslowski will neue Möbel kaufen. Beim Abendessen unterhalten sich Vera und Heinz Koslowski mit Lars über neue Möbel.

FRAU KOSLOWSKI: Gut, dass der Umzug so gut geklappt hat. Wir haben ja jetzt viel mehr Platz als vorher. Meint ihr nicht auch, dass wir ein paar Kleinigkeiten an Möbeln dazukaufen sollten? Unsere Miete hier ist ja billiger und die Nebenkosten bezahlt dein Chef, Heinz. Da haben wir schon etwas Geld für etwas Neues, meinst du nicht?

HERR KOSLOWSKI: Na ja, soo viel mehr Platz haben wir auch nicht. Ich mag eigentlich keine so volle Wohnung. Wir haben doch alles. Muss das denn sein? Woran denkst du denn?

FRAU KOSLOWSKI: Ich denke, vielleicht einen neuen Wohnzimmertisch und neue Schreibtische für Lars und Marion. Lars geht bald ins Gymnasium und Marion macht bald das Abitur, da brauchen sie eine gute Arbeitsatmosphäre.

LARS: Also Mutti, wenn Marion und ich jeder etwas bekommen, können wir es uns dann aussuchen?

HERR KOSLOWSKI: Ja, natürlich. Es muss euch doch gefallen.

LARS: Dann glaube ich, ich brauche keinen neuen Schreibtisch. Lieber hätte ich ein gesundes Möbelstück.

FRAU KOSLOWSKI: Was meinst du denn damit? Wie erklärst du denn das? Was ist ein gesundes Möbelstück? Heißt das, ein Schreibtisch ist ein ungesundes Möbelstück?

LARS: Also, Mama, du sagst doch, dass Marion und ich jeder etwas bekommen. Und Papa sagt, dass wir es uns aussuchen dürfen. Naja, dann möchte ich lieber ein neues Bett. Genauer gesagt ein Wasserbett, das wünsche ich mir schon lange.

HERR KOSLOWSKI: Wie kommst du denn darauf? Ein Wasserbett ist also gesünder als ein normales Bett?

FRAU KOSLOWSKI: Reden wir erst einmal darüber. Heute muss das ja noch nicht entschieden werden.

C. Zum Text. Hier gibt es Hilfe mit den Wörtern. Was ist richtig? (HINT: *Choose the correct definition for each phrase from the reading.*)

1. _*a*_ der Umzug
   a. in eine neue Wohnung umziehen
   b. aufs Land ziehen

2. _*a*_ das hat gut geklappt
   a. alles ist in Ordnung
   b. nichts ist in Ordnung

3. _*b*_ die Nebenkosten
   a. Gas, Wasser, Telefon, Elektrizität
   b. Wasser, Gas und Elektrizität

4. _*b*_ gefallen
   a. auf den Boden fallen
   b. etwas gut oder schön finden

5. _*a*_ gesund
   a. gut für Körper und Geist
   b. etwas, was gut schmeckt

D. Stimmt das oder stimmt das nicht? Was sagen die Koslowskis? Markiere JA oder NEIN. (HINT: *What do the Koslowskis say to one another? Are these statements correct, according to the reading? Mark them yes [JA] or no [NEIN].*)

		JA	NEIN
1.	Die Koslowskis sind in ihrer alten Wohnung.	☐	☑
2.	Der Umzug hat gut geklappt.	☑	☐
3.	Frau Koslowski will neue Möbel kaufen.	☑	☐
4.	Die Miete in der neuen Wohnung ist teuer.	☐	☑
5.	Der Chef von Herrn Koslowski bezahlt die Nebenkosten.	☑	☐
6.	Herr Koslowski will auch neue Möbel kaufen.	☐	☑
7.	Frau Koslowski will ein neues Bett und neue Schreibtische für Marion und Lars.	☐	☑
8.	Lars braucht einen neuen Schreibtisch.	☑	☐
9.	Herr Koslowski will ein Wasserbett kaufen.	☐	☑
10.	Lars sagt, dass Wasserbetten gesund sind.	☑	☐

Schreib mal!

E. Was sagt Marion dazu? Marion kommt nach Hause. Frau Koslowski erzählt, dass Marion einen neuen Schreibtisch bekommen soll. Sie hört auch, dass Lars lieber ein neues Wasserbett will, weil es gesünder ist. Wie ist Marions Reaktion? Schreibe einen neuen Dialog für die Koslowskis. (HINT: *Marion comes home and finds out that she is to get a new desk and that Lars wants a waterbed, because he thinks it's better for his health. What is Marion's reaction? Write a new dialogue. Refer to the reading for some useful expressions, and remember to include some expressions that show what Marion thinks of everything, as well.*)

FRAU KOSLOWSKI: Answers will vary.

_____

_____

_____

MARION: _____

_____

_____

FRAU KOSLOWSKI: _____

_____

_____

MARION: _____

_____

_____

FRAU KOSLOWSKI: _____

_____

_____

MARION: _____

_____

_____

DAS KARNEVALSFEST

VIDEOTHEK

Name _____

Datum _____

Klasse _____

A. Die Feste. Markiere die richtigen Informationen. (HINT: *Which descriptions go with which festivals? Check the appropriate boxes.*)

	die Wiener Festwochen	das Erntedankfest (*Thanksgiving*)	das Oktoberfest
1. Das feiert man im Mai.	X		
2. „Wenn es Oktober wird und November, feiern wir gern dieses Fest."		X	
3. „Es gibt viele Theateraufführungen, sehr viele Konzerte."	X		
4. „Das Wetter ist noch warm und wir können draußen sitzen."		X	
5. Das feiert man in München.			X
6. „Wir haben sehr viel Obst und Gemüse in unserem Land."		X	
7. „Das Wetter ist sehr schön, und die Sonne scheint, und es ist ein Kulturfest."	X		
8. Es wird im Land Brandenburg gefeiert.		X	

B. Das neue Leben. Vervollständige die Sätze mit den richtigen Antworten. (HINT: *Complete the sentences with the correct information.*)

1. Die Koslowskis wohnen im __c__ Stock.
   a. siebten   b. ersten   c. dritten

2. Im Keller stehen __a__.
   a. zwanzig Sonnenschirme   b. zwanzig Regenschirme

3. Der Anfang des Karnevals ist der __a__.
   a. Rosenmontag   b. Rosensonntag   c. Rosendonnerstag

4. Fastnacht ist am __b__.
   a. Montag   b. Dienstag   c. Freitag

Kapitel 5   Videothek   **77**

VOKABELN

. . . .

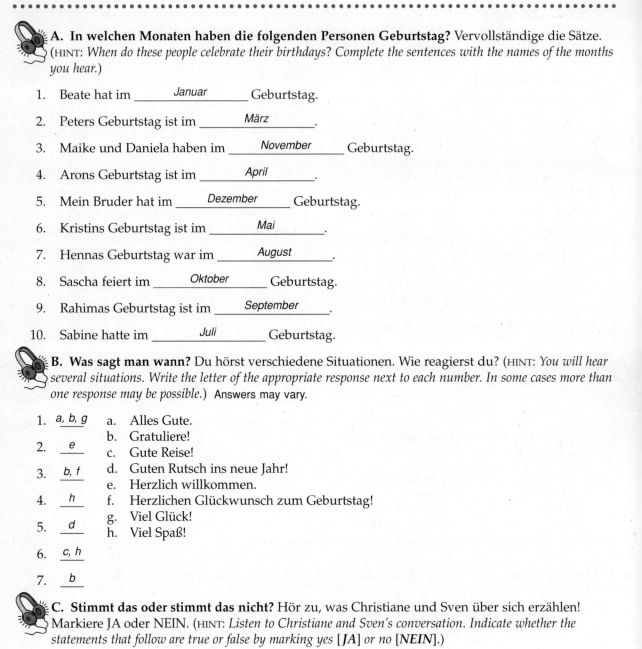

A. In welchen Monaten haben die folgenden Personen Geburtstag? Vervollständige die Sätze. (HINT: *When do these people celebrate their birthdays? Complete the sentences with the names of the months you hear.*)

1. Beate hat im _____Januar_____ Geburtstag.

2. Peters Geburtstag ist im _____März_____.

3. Maike und Daniela haben im _____November_____ Geburtstag.

4. Arons Geburtstag ist im _____April_____.

5. Mein Bruder hat im _____Dezember_____ Geburtstag.

6. Kristins Geburtstag ist im _____Mai_____.

7. Hennas Geburtstag war im _____August_____.

8. Sascha feiert im _____Oktober_____ Geburtstag.

9. Rahimas Geburtstag ist im _____September_____.

10. Sabine hatte im _____Juli_____ Geburtstag.

B. Was sagt man wann? Du hörst verschiedene Situationen. Wie reagierst du? (HINT: *You will hear several situations. Write the letter of the appropriate response next to each number. In some cases more than one response may be possible.*) Answers may vary.

1. _a, b, g_   a. Alles Gute.
               b. Gratuliere!
2. _e_   c. Gute Reise!
               d. Guten Rutsch ins neue Jahr!
3. _b, f_   e. Herzlich willkommen.
4. _h_   f. Herzlichen Glückwunsch zum Geburtstag!
               g. Viel Glück!
5. _d_   h. Viel Spaß!
6. _c, h_

7. _b_

C. Stimmt das oder stimmt das nicht? Hör zu, was Christiane und Sven über sich erzählen! Markiere JA oder NEIN. (HINT: *Listen to Christiane and Sven's conversation. Indicate whether the statements that follow are true or false by marking yes [JA] or no [NEIN].*)

	JA	NEIN
1. Christiane hat im Juni Geburtstag.	✓	☐
2. Sven hat im Winter Geburtstag.	✓	☐
3. Sven feiert mit seinen Freunden in der Wohnung.	✓	☐
4. Svens Freunde singen Lieder und ziehen Kostüme an.	☐	✓
5. Christianes Freunde schenken ihr ein Buch.	☐	✓
6. Am Abend hören Christianes Freunde Musik.	☐	✓

D. Die Jahreszeiten. Wie heißen die Monate der vier Jahreszeiten? Antworte für jede Jahreszeit. (HINT: *Name the months of each of the four seasons, completing the sentence.*)

1. Die Monate im _____ *Herbst* _____ heißen _____ *September* _____,
   Oktober, November _____.

2. Die Monate im _____ *Sommer* _____ heißen _____ *Juni* _____,
   Juli, August _____.

3. Die Monate im _____ *Winter* _____ heißen _____ *Dezember* _____,
   Januar, Februar _____.

4. Die Monate im _____ *Frühling* _____ heißen _____ *März* _____,
   April, Mai _____.

E. Das Wetter. Stell dir vor, du bist ein Wetteransager / eine Wetteransagerin. Beschreibe das Wetter auf den Bildern. (HINT: *Imagine that you are a meteorologist. Describe the weather in the following pictures.*)
Answers may vary.

London: 10° C

Helsinki: −5° C

Lissabon: 32° C

Galway: 18° C

Es ist heiß. Es ist windig. Es blitzt und donnert.

Es ist wolkig und windig. In_scheint die Sonne.

In_schneit es.

Es ist wolkig und neblig. In_regnet es.

1. In London _____ *regnet es* _____. Die Temperatur beträgt _____ *10 Grad Celsius* _____.
   Es ist *wolkig und neblig* _____.

2. In Lissabon *scheint die Sonne. Die Temperatur beträgt 32 Grad Celsius. Es ist heiß.*
   _____

3. In Helsinki *schneit es. Die Temperatur beträgt minus 5 Grad Celsius. Es ist wolkig und windig.*
   _____

4. In Galway *regnet es. Die Temperatur beträgt 18 Grad Celsius. Es ist windig. Es blitzt und donnert.*
   _____

F. Wie ist das Wetter? Beschreibe, wie das Wetter bei dir in den genannten Monaten ist. Bilde Sätze. (HINT: *Describe the weather in your area at different times of year. Write a sentence for each month given here.*)

MODELL: Im Juli ist es sehr warm.

Januar	sehr	kühl
April	wirklich	schön
Juni	furchtbar	warm
August		windig
Oktober		heiß
		neblig
		wolkig
		heiter

1. Answers will vary. _____

2. _____

3. _____

4. _____

5. _____

G. Die Feiertage. Setze die fehlenden Wörter ein. (HINT: *Fill in the missing holidays and celebrations.*)

Muttertag Geburtstag

Valentinstag

Silvester

Karneval

1. Einmal im Jahr feiert jeder Mensch seinen ____Geburtstag____.

2. Wir begrüßen das neue Jahr an ____Silvester____.

3. Im Februar beginnt der ____Karneval____.

4. Außerdem ist im Februar auch der Tag der Verliebten, der ____Valentinstag____.

5. Unseren Müttern schenken wir im Mai Blumen. Diesen Tag nennen wir ____Muttertag____.

STRUKTUREN

· ·

A. Fragen und Antworten. Schreibe die Personalpronomen in die Tabelle. (HINT: *You will hear a series of questions and answers. Write down the subject and object pronoun you hear in each response.*)

Du hörst: A: Wie findest du den Film „Titanic"?
              B: Ich finde ihn sehr langweilig.
Du schreibst: ich / ihn

SUBJEKT		OBJEKT	
1.	*ich*		*sie*
2.	*ich*		*ihn*
3.	*ich*		*dich*
4.	*sie*		*es*
5.	*ich*		*es*
6.	*wir*		*uns*

B. Wie findest du das? (HINT: *What do you think about that? You will be asked how you like certain things and persons. Use personal pronouns in your answers.*)

Du hörst: Wie findest du das Kostüm?
Du liest: das Kostüm / interessant
Du sagst: Ich finde es interessant.
Du hörst: Ich finde es auch interessant.

Zum Nulltarif anrufen – rund um die Uhr.
Blumen bequem per Kreditkarte bezahlen.

Blumengrüße weltweit:
In jedem Fleurop-Fachgeschäft
oder per Fleurop-Service-Telefon
0130 - 11 42 11
Jetzt auch via Internet.
http://www.fleurop.de

Ein fröhlich-bunter Blumengruß via Fleurop ist immer eine gelungene Über-
raschung. Und das weltweit. Schließlich sorgt Fleurop in über 140 Ländern
der Welt dafür, daß Ihr persönlicher Blumenstrauß pünktlich und frisch
durch einen unserer freundlichen Partner zugestellt wird. Garantiert!
Fleurop. Die herzlichste Verbindung weltweit.

1. das Oktoberfest / lustig
2. der Valentinstag / romantisch
3. der Januar / kalt
4. die Küche / gemütlich
5. der Lehrer / nett
6. die Kinder / lustig
7. die Lehrerin / tolerant
8. das Klavier / toll
9. Feste und Feiertage / schön

C. Wofür braucht man diese Sachen? (HINT: *When does one use these things? What things are for which holiday?*)

Du siehst:

Du hörst: Wofür brauchst du Blumen?
 Du liest: der Muttertag
Du sagst: Die Blumen sind für den Muttertag.
Du hörst: Die Blumen sind für den Muttertag.

der Valentinstag
Silvester
der Karneval
der Vatertag
der Geburtstag
der Muttertag

1.

2.

3.

4.

5.

 D. Was machst du gern? (HINT: *What do you like to do? Answer the questions using the cues provided.*)

Du hörst: Was machst du gern am Wochenende?
 Du liest: hören: klassisch / Musik
Du sagst: Ich höre gern klassische Musik.
Du hörst: Ich höre auch gern klassische Musik.

1. trinken: kalt / Wasser (*n.*)
2. trinken: frisch / Tee (*m.*)
3. sehen: lustig / Filme
4. lesen: interessant / Bücher
5. sehen: toll / Feuerwerke

E. Der nervende Freund. Alban nervt seinen Freund Thomas mit vielen Fragen. Ergänze die Personalpronomen. (HINT: *Alban is getting on his friend's nerves by asking too many questions. Fill in the suitable personal pronouns.*)

ALBAN: Kennst du meinen Vater?

THOMAS: Nein, ich kenne ___*ihn*___ nicht.

ALBAN: Kennst du meine Mutter?

THOMAS: Nein, ich kenne ___*sie*___ auch nicht.

ALBAN: Kennst du meine Großeltern?

THOMAS: Nein, ich kenne ___*sie*___ auch nicht.

ALBAN: Wie findest du mein neues Auto?

THOMAS: Ich finde ___*es*___ sehr sportlich.

ALBAN: Wie findest du mich?

THOMAS: Ich finde ___*dich*___ ziemlich langweilig. Du stellst so blöde Fragen!

F. Danielas Reise nach Italien. Schreibe die passenden Präpositionen in die Lücken. (HINT: *Fill in the blanks with a suitable preposition from the list below.*)

für   durch

um . . . herum

gegen   ohne

1. Daniela und ihre Freunde fahren im Winter ___*durch*___ die Schweiz nach Italien.

2. Sie fahren nicht ___*um*___ die Alpen ___*herum*___, sondern ___*durch*___ einen Tunnel, den San Bernardino-Tunnel.

3. Daniela fährt ___*ohne*___ Pause, denn in dem Tunnel darf man nicht stoppen.

4. Danielas Eltern sind ___*gegen*___ die Reise nach Italien, denn sie haben Italien nicht gern.

5. Aber Daniela bringt aus Italien Geschenke ___*für*___ ihre Eltern mit.

G. Sätze. Du bist Marion. Schreibe mit jedem Ausdruck einen ganzen Satz. (HINT: *Use each of the phrases below to write a complete sentence in Marion's voice.*)

1. für meinen Freund:

   Answers will vary.

   _____

2. ohne meine Eltern:

   _____

   _____

3. um die Stadt herum:

   _____

   _____

4. gegen meinen Bruder:

   _____

   _____

5. durch den Park:

   _____

   _____

H. Sibylles Jahr. Ergänze die Lücken mit Adjektiven aus der Liste und vergiss dabei nicht die Endungen. (HINT: *Select an adjective from the list to complete each sentence. Don't forget to add the correct ending each time.*) Answers may vary.

möbliert lustig
schön laut
toll freundlich

1. Am Valentinstag bekommt Sibylle _____ schöne _____ Blumen.

2. Beim Oktoberfest hört Sibylle _____ laute _____ Musik.

3. Im Karneval trägt Sibylle oft _____ lustige _____ Kostüme.

4. An Silvester sieht Sibylle _____ tolle _____ Feuerwerke.

5. Im neuen Jahr sucht Sibylle ein Zimmer. Sie schreibt eine Kleinanzeige (*classified ad*):

   „_____ Freundliche _____ Studentin sucht _____ möbliertes _____ Zimmer."

AUSSPRACHE

• •

The Consonants r and l

A. The Consonant r. The German **r** is trilled or rolled either with the tip of the tongue in the front of the mouth or by pushing air past the uvula in the back of the mouth, making the uvula vibrate. This sound is similar to the sound of gargling. Compare the American *r* and the German **r**.

Listen and repeat.

> *rice*/**Reis**
> *rose*/**Rose**
> *bar*/**Bar**
> *arm*/**Arm**

German **r**.

Listen and repeat.

> rot
> rauchen
> **Rezept**
> **Brief**
> **Freund**
> grün
> trinken
> **Uhren**
> **Türen**
> **Herren**
> Irene
> Marion
> Arm
> Berlin

The **r** after a vowel at the end of a syllable or word is usually not trilled or rolled but rather pronounced with an "**r**-coloring," shifting toward an **a** sound.

Listen and repeat.

> Mutter
> Uhr
> Tür
> Berge
> schwer
> Urlaub

Satzbeispiele. Listen and repeat.

1. Herr Rau braucht ein Radio und einen Regenschirm.
2. Renate hat ein großes Haus mit Garten und Garage.
3. Dein Vater, deine Mutter, dein Bruder und deine Schwester gratulieren zum Geburtstag.
4. Grün, Grau, Rot und Orange sind Farben.
5. Frau Renner braucht dreißig Schreibtische.

B. The Consonant *l*. Americans usually pronounce an *l* from the back of the mouth with the tongue raised and the lips relaxed. (It is also referred to as a "dark l.") The German **l** is pronounced with the tongue flat and its tip touching the rear of the upper front teeth. The lips are not relaxed. (It is also referred to as the "clear l.") Listen to the difference between the American *l* and the German **l**.

Listen and repeat.

> *land* / Land
> *learn* / lernen
> *old* / alt
> *false* / falsch

German **l**.

Listen and repeat.

> laufen
> lesen
> Lehrerin
> Film
> Bild
> Lehmann
> Enkel
> viel
> Blatt
> Klasse
> Fleisch
> wollen
> schlafen
> Fußball

Satzbeispiele. Listen and repeat.

1. Der Lehrer und die Lehrerin lesen.
2. Herr Lehmann lernt Latein.
3. Fußball ist langweilig.
4. Lindau liegt in Deutschland.
5. Laura liest ein tolles Buch über Luther.

EINBLICKE

· ·

A. Hör mal zu! Schreibe die Zahlen auf, die du hörst. Kreuze an, ob jede Zahl ein Jahr oder eine Uhrzeit ist. (HINT: *Listen to the information about Liechtenstein and write down the numbers you hear. Indicate whether each number is a year [JAHR] or a time of day [UHRZEIT].*)

Du hörst: Das Volksfest im autofreien Städtle beginnt um vierzehn Uhr.
Du schreibst: 14.00
Du kreuzt an: UHRZEIT

		JAHR	UHRZEIT
1.	1719	☑	☐
2.	1806	☑	☐
3.	1998	☑	☐
4.	10.45	☐	☑
5.	11.20	☐	☑
6.	21.15	☐	☑

B. Das Fürstentum Liechtenstein. Lies den Text über Liechtenstein und stelle dann Fragen, die du noch hast. (HINT: *Read the following passage about Liechtenstein, and then write down six unanswered questions you still have about the country or its history.*)

Staatsfeiertag im Fürstentum Liechtenstein

Das Fürstentum Liechtenstein ist mit 162 km2 und etwa 31 000 Einwohnern eins der kleinsten Länder in Europa. Liechtenstein gibt es seit 1719, und das Land ist seit 1806 eine souveräne Monarchie. Der Fürst Hans-Adam II. von und zu Liechtenstein regiert zusammen mit dem Volk sein kleines Land. Jedes Jahr im August feiert man in Liechtenstein den Staatsfeiertag.

1. Wer Answers will vary. _____

   _____?

2. Wer _____

   _____?

3. Was _____

   _____?

4. Was _____

   _____?

5. Wann _____

   _____?

6. Wann _____

   _____?

C. Staatsfeiertag im Fürstentum Liechtenstein. Lies das Programm vom Staatsfeiertag 1998 und beantworte dann die Fragen! (HINT: *Read the following information about Liechtenstein and its national holiday, and then answer the questions that follow.*)

Der Staatsfeiertag

am Samstag, den 15. August,

bietet Unterhaltung und Spass für jung und alt . . .

10.45	Seine Durchlaucht Hans-Adam von und zu Liechtenstein eröffnet das Fest
11.20	Landeshymne und Aperitif für die ganze Bevölkerung am Schloss Vaduz
14.00	Das Volksfest im autofreien Städtle Vaduz beginnt
21.15	Höhenfeuer auf Tuass
22.00	Grosses Feuerwerk

Schlechtwetterprogramm

Bei schlechtem Wetter ist das Vormittagsprogramm im Vaduzer Saal. Das Nachmittags- und Abendprogramm läuft auch bei schlechtem Wetter programmgemäss.

---

1. Wer eröffnet das Fest? *der Fürst Hans-Adam von und zu Liechtenstein*

2. Wo gibt es einen Aperitif? *am Schloss Vaduz*

3. Wann beginnt das Volksfest im Städtle Vaduz? *um 14.00 Uhr*

4. Wann ist das Feuerwerk? *um 22.00 Uhr*

5. Wo ist das Schlechtwetterprogramm für den Vormittag? *im Vaduzer Saal*

PERSPEKTIVEN

••

Hör mal zu!

A. Oktoberfest oder Wurstmarkt? Hör zu und ergänze die Sätze! Du hörst den Text zweimal.
(HINT: *Listen to the selection and complete the sentences below. You will hear the selection twice.*)

Jedes Jahr im _____September_____[1] und Oktober fahren Menschen aus aller Welt nach

München zum _____Oktoberfest_____.[2] Ich nicht. Ich fahre lieber mit meiner Familie nach

Bad Dürkheim zum _____Wurstmarkt_____.[3]

    Das Oktoberfest gibt es erst seit etwas mehr als _____100_____[4] Jahren. Den

Wurstmarkt feiert man schon über _____500_____[5] Jahre.

    In kleinen Zelten sitzt man gemütlich zusammen und genießt traditionelles Pfälzer Essen—vor

allem Wurst. Mein _____Mann_____[6] und ich finden die kleinen Zelte viel

angenehmer und gemütlicher als die beim Oktoberfest in München.

    Meine Kinder, Andreas und Christoph, möchten immer gleich zum Vergnügungspark

_____gehen_____.[7] Sie _____fahren_____[8] so gern mit dem Riesenrad

und der Achterbahn. Dort gibt es immer die neuesten Attraktionen und viele Buden mit Süßigkeiten.

    Der Wurstmarkt in Bad Dürkheim wird Anfang September gefeiert—etwas früher als das

Oktoberfest. Das _____Wetter_____[9] ist dann meistens noch schön. Am

_____Tag_____[10] ist es angenehm warm und die Nächte sind nicht zu kühl.

Lies mal!

Woher kommt die Karnevalstradition?

Alles beginnt bei den Germanen. In der germanischen Mythologie stehen Wodan und Freya im Kampfe miteinander. Wodan ist das Symbol des Winters, der alles Leben in der Natur aufhält. Freya oder Frigga ist die Mutter der Erde, die Nahrung und Sommer symbolisiert.

Beide Gottheiten haben ihre besonderen Feste. Zur Wintersonnenwende verehrt man Wodan; die Frühlingsfeste sind der Göttin Freya gewidmet. Spuren dieser alten Feste kann man noch heute finden: zum Beispiel im Karneval. Viele Karnevalsfanatiker wissen jedoch gar nichts über die germanischen Götter.

Der Einfluss der Römer zeigt sich in der Veränderung vieler germanischer Feste. So auch im Karneval: Der heutige Karneval ist eine Mischung aus einem germanischen Frühlingsfest und anderen römischen Bräuchen. In der Fastnacht sehen wir Symbole von der Göttin Freya als militärische Führerin, zum Beispiel die vielen Wagen, die Masken und die Musik.

In den alten Festen versteckte man sein Gesicht hinter Masken, um sich vor den Dämonen zu verstecken und zu schützen. Diese Masken sollten allerdings auch so grauenhaft und erschreckend aussehen, um die Geister zu vertreiben.

Heute spricht man von Karneval, Fasching oder Fastnacht. Die Masken und Kostüme sind manchmal noch erschreckend, oft aber auch lustig und einfach kreativ.

Wortschatz zum Lesen

aufhalten	to stop
die Nahrung	food
verehren	to worship
die Spur	trace
der Einfluss	influence
der Brauch	custom; tradition
verstecken	to hide
schützen	to protect
erschreckend	scary
vertreiben	to drive away

B. Zum Text. Welche Fragen und Antworten passen zusammen? (HINT: *Match the questions on the left with the appropriate responses on the right.*)

1. __c__ Kommt die Karnevalstradition aus der römischen Mythologie?

2. __e__ Was symbolisieren die germanischen Götter Wodan und Freya?

3. __d__ Wen verehrt man zur Wintersonnenwende?

4. __f__ Wann feiern die Germanen die Mutter der Erde?

5. __b__ Wer oder was hatte großen Einfluss auf die Feste der Germanen?

6. __h__ Was ist Karneval?

7. __a__ Was sind andere Namen für „Karneval"?

8. __g__ Wie sind Karnevalsmasken und -kostüme heute?

a. Karneval heißt auch Fasching oder Fastnacht.

b. Römische Bräuche beeinflussten die germanischen Feste.

c. Nein, sie kommt aus der germanischen Mythologie.

d. Bei der Wintersonnenwende feiert man Wodan.

e. Wodan, der Gott des Winters, bringt die Natur zum Stehen. Freya, die Mutter der Erde, steht für Leben, Nahrung und Sommer.

f. Die Göttin Freya wird in Frühlingsfesten gefeiert.

g. Die Masken und Kostüme sind heute manchmal noch erschreckend, aber oft sind sie lustig und kreativ.

h. Fasching oder Karneval ist eine Mischung aus römischen Bräuchen und einem germanischen Frühlingsfest.

C. Welche anderen Feste gibt es? Wer feiert? Wie feiert man dieses Fest? Wo feiert man es und wann? Gibt es verschiedene Traditionen in verschiedenen Familien, Landesteilen, Ländern oder Kulturgruppen? Was passt noch in die Tabelle? (HINT: *Add other festivals you know about to the table below.*) Answers will vary.

Das Fest:	Wer?	Wann?	Wo?	Tradition
Karneval	Familie und Freunde	Frühling	Deutschland, die Schweiz, Österreich, Rio, New Orleans	Kostüme, Partys, Tanz

Schreib mal!

D. Das Faschingsfest. Alle Schüler und Studenten einer Klasse planen ein Faschingsfest. Was gibt es auf diesem Fest? Wer kommt auf das Fest? Wie sehen die Kostüme aus? Beschreibe wer auf das Fest kommt, die Kostüme der Gäste, die Musik und das Essen. (HINT: *Describe a Fasching party: the guests, the costumes, the music, the food.*)

Answers will vary.

_____

_____

_____

_____

_____

_____

_____

_____

_____

_____

E. Das beste Faschingskostüm. Beschreibe ein Faschingskostüm, ohne den Namen des Kostüms zu nennen. Die anderen Schüler und Studenten müssen raten, was es ist. (HINT: *Describe a Fasching costume without saying what it represents. Try to describe it well enough so that your classmates can guess what creature or character it represents.*)

Answers will vary.

_____

_____

_____

_____

_____

_____

_____

_____

_____

_____

Name _____

Datum _____

Klasse _____

DER UNFALL

VIDEOTHEK

●●

A. Vera, Rüdiger, Marion, Heinz oder der Taxifahrer? Markiere, wer was sagt. (HINT: *Mark who says what.*)

Vera—V   Rüdiger—R   Marion—M   Heinz—H   der Taxifahrer—T

1. __V__ Warum fährt sie auch immer auf dem Motorrad mit!

2. __M__ Also ist es doch besser, wenn ich nach Köln ziehe.

3. __R__ Oh Mann!

4. __T__ Oh, vielen Dank . . .

5. __V__ Koslowski. Nachbarn haben uns benachrichtigt.

6. __H__ Wir wissen noch gar nichts.

7. __T__ Sie haben Ihre Blumen vergessen.

8. __V__ Versteh' ich nicht. Rüdiger fährt doch immer so vernünftig.

B. Wer hat Angst? In welcher Reihenfolge hörst du die Aussagen? Nummeriere sie von 1–7. (HINT: *Who's afraid? Number the statements in the correct order from 1–7.*)

a. __6__ Ich mache mir Sorgen, wenn meine Eltern krank sind oder wenn meine Großmutter in das Krankenhaus muss.

b. __2__ Ich habe Angst, wenn ich krank werde und ich ins Krankenhaus muss.

c. __7__ Wenn ich Ski fahren gehe, hab ich manchmal Angst, weil ich in zwei Unfällen beteiligt war.

d. __5__ Ich habe Angst, wenn ich ein Gewitter höre und wenn ich Blitze sehe und Donner höre.

e. __3__ Und alles was irgendwie mit Krankenhaus zu tun hat, macht mich irgendwie ein bisschen nervös.

f. __1__ Deutsche Krankenhäuser sind so ähnlich wie amerikanische Krankenhäuser. Aber ins Krankenhaus gehen, das ist ein Horror für mich.

g. __4__ Ich habe Angst beim Zahnarzt vor dem Bohrer. Ich hasse das Geräusch.

C. Stimmt das oder stimmt das nicht? Markiere JA oder NEIN. (HINT: *Mark these statements yes [JA] or no [NEIN].*)

	JA	NEIN
1. Vera will mit Ruth Mertens in Urlaub gehen.	☐	☑
2. Ruth Mertens zieht nach Köln.	☐	☑
3. Rüdiger und Marion hatten einen Motorradunfall.	☑	☐

VOKABELN

A. Zwei Patienten unterhalten sich. Was ist los? Markiere die richtigen Antworten. (HINT: *Herr Hübler and Frau Christensen are talking about their illnesses and symptoms. Listen to their conversation, and then mark what's wrong with each person.*)

	HERR HÜBLER	FRAU CHRISTENSEN
das Bein	☐	☐
das Fieber	☑	☐
der Bauch	☐	☑
der Hals	☑	☐
der Husten	☑	☐
der Kopf	☑	☐
der Rücken	☐	☑
die Erkältung	☑	☐
die Grippe	☐	☐
die Hand	☐	☐
die Nase	☐	☐
die Schulter	☐	☑

B. Krankengymnastik. Schreibe auf, was du bei der Krankengymnastik machen musst. (HINT: *A physical therapist is leading an exercise class at the hospital. Complete the instructions with the words you hear.*)

1.   2.   3.   4.   5.

1. Hebe die _____Schultern_____ fünf Mal auf und ab.

2. Laufe eine Minute auf der Stelle. Das lockert die Muskeln am _____Körper_____.

3. Bewege deinen _____Kopf_____ zehn Mal nach vorne und nach hinten.

4. Hebe die _____Arme_____ hoch. Nun lege die _____Hände_____ auf den Boden.

5. Nun strecke die _____Beine_____ aus und halte den _____Rücken_____ gerade.

C. Wie sieht er aus? Fritz kommt vom Planeten Venus. Beschreibe sein Aussehen in sechs Sätzen. (HINT: *Fritz is from the planet Venus. Describe his appearance in six sentences.*)

Answers will vary. Possible answers include:

1. *Fritz hat zwei Köpfe.*

2. *Fritz hat lange dunkle Haare.*

3. *Fritz hat lange Arme.*

4. *Fritz hat drei Arme.*

5. *Er hat kurze Beine.*

6. *Er hat riesengroße Ohren.*

D. Was ist richtig? Kreuze die richtige Antwort an. (HINT: *Mark the appropriate completion for each sentence.*)

1. Mit __b__ misst die Ärztin das Fieber.
   a. dem Rezept
   b. dem Thermometer

2. __a__ gibt eine Spritze.
   a. Der Arzt
   b. Der Patient

3. __b__ gibt dem Patienten Medikamente.
   a. Der Krankenwagen
   b. Die Krankenpflegerin
   c. Der Notfall

4. __b__ arbeitet im Krankenhaus.
   a. Die Patientin
   b. Der Krankenpfleger

5. __a__ untersucht die Wunde.
   a. Die Ärztin
   b. Die Gesundheit
   c. Der Patient

E. Wann, aber, und, wenn. Wann benutzt du das? (HINT: *Choose the right conjunction or question word to complete each sentence.*)

1. Brigitte hat eine Erkältung, _____*und*_____ sie muss im Bett liegen.

2. Es ist eine schlimme Erkältung, _____*aber*_____ sie muss nicht ins Krankenhaus.

3. _____*Wann*_____ hast du Husten?

4. _____*Wenn*_____ ich erkältet bin.

5. _____*Wann*_____ gehst du zum Arzt?

6. _____*Wenn*_____ ich Bauchschmerzen habe.

F. Mein bester Freund / Meine beste Freundin. Beschreibe einen Freund oder eine Freundin in fünf Sätzen. Benutze dazu die Vokabeln aus diesem Kapitel. (HINT: *Describe your best friend [or another friend of yours] in five sentences. Use the vocabulary from this chapter.*)

1. Answers will vary. _____

   _____

2. _____

   _____

3. _____

   _____

4. _____

   _____

5. _____

   _____

STRUKTUREN

· ·

A. Dieter ist krank. Schreibe die Infinitive der Modalverben. (HINT: *You will listen to Dieter giving a detailed description of his health condition. Write down the infinitives of the modal verbs you hear.*)

Du hörst: Ich muss zum Arzt gehen.
Du schreibst: müssen

1. _____ *müssen* _____
2. _____ *können* _____
3. _____ *dürfen* _____
4. _____ *wollen* _____
5. _____ *sollen* _____
6. _____ *können* _____

B. Was macht man, wenn man krank ist? (HINT: *What do you do if you are sick?*)

Du hörst: Was macht man, wenn man krank ist?
Du liest: sollen / zum Arzt gehen
Du sagst: Man soll zum Arzt gehen.
Du hörst: Ja, man soll zum Arzt gehen.

1. müssen / ins Krankenhaus fahren
2. sollen / ein Thermometer holen
3. können / eine Spritze bekommen
4. dürfen / viel Eis essen
5. wollen / nicht aus dem Haus gehen
6. müssen / sich immer die Nase putzen

C. So bleibt man gesund. Ein Arzt gibt Gesundheitstipps. Ergänze die Lücken. (HINT: *Listen to a doctor giving advice for a healthy life, and fill in the blanks.*)

Man _____soll_____[1] viel schlafen. Körper und Geist _____können_____[2] sich regenerieren, wenn man täglich acht Stunden schläft. Man _____muss_____[3] auch auf das Gewicht achten und der Blutdruck und das Cholesterin _____dürfen_____[4] nicht zu hoch sein. Für die Bewegung _____sollen_____[5] alle Menschen jeden Tag Sport machen: sie _____können_____[6] zum Beispiel laufen oder schwimmen. Aber auch mit Gymnastik und Tanzen _____kann_____[7] man fit und gesund bleiben.

D. Freundschaftstipps. Jetzt gibst du die Tipps an einen Freund oder eine Freundin weiter. (HINT: *Now pass along these health tips to a friend.*)

Du hörst: Man soll viel schlafen.
Du sagst: Du sollst viel schlafen.
Du hörst: Und du? Du sollst auch viel schlafen!

1. ...   2. ...   3. ...   4. ...   5. ...   6. ...

E. Was darf man hier nicht machen?
(HINT: *What is one not allowed to do here?*)

spielen
parken
schnell fahren
schwimmen   rauchen

MODELL: Hier darf man nicht rauchen.

1. **20 km**   *Hier darf man nicht schnell fahren.*

2.   *Hier darf man nicht spielen.*

3.   *Hier darf man nicht parken.*

4.   *Hier darf man nicht schwimmen.*

F. Robinson Crusoe. Du bist auf einer einsamen Insel. Was kannst du auf der Insel machen? Was kannst du nicht machen? Schreibe eine Liste! (HINT: *Imagine yourself stranded on a desert island. Make a list of things that you can do, then a list of things that you can't do.*)

MODELL: Ich kann lange spazieren gehen.
Ich kann keine Wohnung mieten.

Was ich machen kann:

Answers will vary.

_____

_____

_____

Was ich nicht machen kann:

_____

_____

_____

_____

G. Bleibt gesund. Wie bleiben diese Leute gesund? (HINT: *What should these people do to stay healthy? Write complete sentences.*).

Du liest: Bärbel: jeden Tag eine Stunde spazieren gehen / sollen
Du schreibst: Bärbel soll jeden Tag eine Stunde spazieren gehen.

1.   Heinz: jeden Tag eine Stunde laufen / müssen

Heinz muss jeden Tag eine Stunde laufen.

2.   Monika: nicht rauchen / dürfen

Monika darf nicht rauchen.

3.   Kurt und Angelika: viel schlafen / sollen

Kurt und Angelika sollen viel schlafen.

4.   wir: viel Obst und Gemüse essen / sollen

Wir sollen viel Obst und Gemüse essen.

5.   ihr: viel Wasser trinken / müssen

Ihr müsst viel Wasser trinken.

6.   ich: mehr zu Fuß gehen / wollen

Ich will mehr zu Fuß gehen.

7.   du: jeden Tag einen Kilometer Fahrrad fahren / können

Du kannst jeden Tag einen Kilometer Fahrrad fahren.

H. Im Krankenhaus. Schreibe Sätze mit der Information aus der Tabelle. (HINT: *Write sentences using the information from the table below.*)

	müssen	sollen	können	müssen	dürfen	wollen
die Ärztin	die Patienten untersuchen					
die Patientin		den Mund aufmachen				
die Kranken-pfleger			den Patienten Spritzen geben			
du				dir die Nase putzen		
wir					im Krankenwagen mitfahren	
ihr						wieder nach Hause gehen

1. Die Ärztin muss die Patienten untersuchen.

2. *Die Patientin soll den Mund aufmachen.*

3. *Die Krankenpfleger können den Patienten Spritzen geben.*

4. *Du musst dir die Nase putzen.*

5. *Wir dürfen im Krankenwagen mitfahren.*

6. *Ihr wollt wieder nach Hause gehen.*

I. Gute Vorsätze. Schreibe, was du machen kannst / musst / willst / sollst, um gesund und fit zu bleiben. (HINT: *Write what you can / have to / want to / should do to stay healthy and fit. Use each modal verb once.*)

1. Answers will vary.

2.

3.

4.

AUSSPRACHE

The Consonants *s* and *z*

A. The letter *s*. When the letter **s** precedes a vowel or appears between two vowels, it is voiced, or pronounced, like the English *z*.

Listen and repeat.

> sehen
> sieben
> Sohn
> sehr
> suchen
> lesen
> Häuser
> Musik

If the letter **s** does not precede a vowel, or is doubled, it is not voiced. It is pronounced like the *s* in the English name *Sam*.

Listen and repeat.

> was
> das
> Haus
> aus
> Adresse
> essen
> Sessel
> müssen

The letter **ß** ("ess tsett") is pronounced like a double **s.**

Listen and repeat.

> Straße
> Grüße
> heißen
> groß
> Spaß
> Gruß

Satzbeispiele. Listen and repeat.

1. Wir sollen sieben Semmeln essen.
2. Wie ist deine Adresse? Sommergasse 777.
3. Samstag und Sonntag sind wir in Sachsenhausen.
4. Die Söhne heißen Samuel und Astor.

B. The letter z. In German, the letter **z** is pronounced like the *ts* in the English word *nuts* or the *zz* in *pizza*.

Listen and repeat.

> Zahn
> zehn
> zwölf
> zeigen
> Zimmer
> zumachen
> Mozart
> tanzen
> Anzug
> Schmerz
> Spritze
> putzen

Satzbeispiele. Listen and repeat.

1. Ich zeige Ihnen das Zimmer im zwölften Stock.
2. Um zehn Uhr gehen wir in Zuzenhausen tanzen.
3. Der Zoo macht um zehn Uhr zu.
4. Bei Zahnschmerzen muss man zum Zahnarzt gehen.

Contrasts: **s** and **z.**

Listen and repeat.

> sehen/zehn
> seit/Zeit
> Sommer/Zimmer
> so/Zoo
> zumachen/suchen
> Zehen/sehen
> zahlen/Saale
> tanzen/Fransen

EINBLICKE

....

A. Ein Führerschein. So sieht der neue EU-Führerschein aus. Welche Informationen findet man auf dem Führerschein? (HINT: *This is what the new EU-driver's license looks like. What information do you find on the driver's license? Which categories below correspond to the numbered information on the license?*)

Wortschatz zum Führerschein

die Ausstellung	*issue, issuance*	die Unterschrift	*signature*
die Behörde	*agency*	die Erlaubnis	*permission*
das Lichtbild	*photograph*	gültig	*valid*
der Inhaber	*bearer*		

Unterschrift des Inhabers

Name

Lichtbild des Inhabers

Name der Ausstellungsbehörde

Klassen, für die die Fahrerlaubnis gültig ist

Ausstellungsdatum der Karte

Vorname

Nummer des Führerscheins

Geburtsdatum und -ort

1. Name _____

2. Vorname _____

3. Geburtsdatum und -ort
_____

4a. Ausstellungsdatum der Karte
_____

4b. [*This number is reserved for the expiration date. The German version of the European driver's license has no expiration date.*]

4c. Name der Ausstellungsbehörde
_____

5. Nummer des Führerscheins
_____

6. Lichtbild des Inhabers
_____

7. Unterschrift des Inhabers
_____

8. [*This number does not appear on the German version of the European driver's license. It is reserved for the driver's residence.*]

9. Klassen, für die die Fahrerlaubnis gültig ist
_____

B. Vergleich mal. Welche von diesen Informationen stehen auf einem Führerschein aus deinem Bundesstaat? Welche nicht? (HINT: *Which of these pieces of information would you find on a driver's license in your state? Which do not appear there?*)

Answers will vary.
_____
_____
_____
_____
_____

C. Stimmt das oder stimmt das nicht? Ernährung: Markiere JA oder NEIN. (HINT: *Nutrition: Listen to the following passage. Mark the statements below yes [JA] or no [NEIN].*)

Wortschatz zum Hörtext			
die Ernährung	*nutrition*	die Kohlenhydrate	*carbohydrates*
das Baumaterial	*building material*	der Eiweiß	*protein*
die Nahrung	*food*	die Verdauung	*digestion*

		JA	NEIN
1.	Gesunde Ernährung ist wichtig für Jugendliche und Kinder.	☑	☐
2.	Der Körper braucht kein Baumaterial.	☐	☑
3.	Kohlenhydrate findet man in Spaghetti.	☑	☐
4.	Eiweiß ist gut für die Muskeln.	☑	☐
5.	Eiweiß findet man in Obst und Gemüse.	☐	☑
6.	Vitamine findet man in Gummibärchen.	☐	☑
7.	Mineralstoffe sind nicht gesund.	☐	☑

PERSPEKTIVEN

• •

Hör mal zu!

A. Der Polizeibericht: „Glück im Unglück". Hör zu. Was fehlt? (HINT: *Listen to the police report and fill in the missing words.*)

Am Morgen des _____vierten_____[1] Juni gab es in Duisburg einen Motorradunfall. Er ereignete

sich so _____gegen_____[2] 12.20 nachts. Auf der Dom_____-straße_____[3] kam ein roter Porsche

an die Kreuzung Ecke Königstraße. Trotz der _____roten_____[4] Ampel fuhr der Fahrer des

Wagens einfach weiter. Der _____Fahrer_____[5] des Motorrads auf der Königstraße sah den roten

Porsche erst sehr spät. Er versuchte dem Porschefahrer auszuweichen, _____konnte_____[6] aber

nicht mehr bremsen. Es kam zu einer _____leichten_____[7] Kollision. Die beiden

_____jungen_____[8] Leute auf dem Motorrad wurden sofort ins Krankenhaus gebracht, kamen aber

mit einer leichten Gehirnerschütterung und jeweils einem gebrochenen _____Arm_____[9] davon.

Der Porschefahrer _____muss_____[10] sich vor Gericht verantworten.

B. Wie war das noch mal? Beantworte jetzt die Fragen, die du zum Verkehrsunfall hörst, mit Hilfe des ausgefüllten Textes. (HINT: *How was that again? Answer the questions you will hear about the traffic accident, using the text you've just filled in to find the answers.*)

1. . . .
2. . . .
3. . . .
4. . . .
5. . . .

Lies mal!

„Sehnsucht nach dem Frühling"

I.

Komm, lieber Mai, und mache die Bäume wieder grün,
und lass mir an dem Bache die kleinen Veilchen blühn!
Wie möcht' ich doch so gerne ein Veilchen wieder sehn,
ach, lieber Mai, wie gerne einmal spazieren gehn!

II.

Zwar Wintertage haben wohl auch der Freuden viel,
man kann im Schnee eins traben und treibt manch Abendspiel,
baut Häuserchen von Karten, spielt Blindekuh und Pfand;
auch gibt's wohl Schlittenfahrten aufs liebe freie Land.

III.

Ach wenn's doch erst gelinder und grüner draußen wär!
Komm lieber Mai, wir Kinder, wir bitten dich gar sehr!
O komm und bring vor allem uns viele Veilchen mit,
Bring auch viel Nachtigallen und schöne Kuckucks mit.

Text von Christian A. Overbeck (1755–1821), geschrieben für eine Melodie von W.A. Mozart (1756–1791),
komponiert in Wien am 14. Januar 1791.

Wortschatz zum Text

der Bach	*brook, little stream*
blühn (= blühen)	*to bloom*
die Freude	*pleasure*
traben	*to trot (like a horse)*
der Schlitten	*sled, sleigh*
gelinder	*milder*

C. Zum Text. Schnelle Fragen und Definitionen: was ist richtig? (HINT: *Match the right answers and definitions to these questions.*)

1. Was ist ein Veilchen? _c_
   a. eine kurze Pause
   b. ein Winterspiel
   c. eine kleine violette Frühlingsblume

2. Wer spricht den Text? _b_
   a. die Frühlingsblumen
   b. die Kinder
   c. der Winter

3. Was ist eine Nachtigall? _b_
   a. ein Vogel, der „Kuckuck" ruft
   b. ein Vogel, der eine wunderschöne Melodie singt

4. Wie spielt man Blindekuh? _a_
   a. Ein Kind macht die Augen zu und muss die anderen Kinder finden.
   b. Die Eltern verstecken Schokoladenkühe in den Schuhen und die Kinder müssen sie finden.

5. Wer macht die Bäume wieder grün? _a_
   a. der Mai
   b. der Winter
   c. die Kinder

6. Was kann man im Frühling machen? _c_
   a. im Schnee traben
   b. im Schlitten fahren
   c. spazieren gehen

7. Welche Freuden kann man an Wintertagen haben? _b_
   a. viele Nachtigallen und Kuckucks hören
   b. Häuser aus Karten machen

D. Sehnsucht nach dem Frühling. Welche Sätze fassen die Strophen des Lieds zusammen? Welches Bild passt zu welcher Strophe? (HINT: *Which summary goes with which verse of the song? Which picture goes with each verse?*)

Strophe	I	II	III
Zusammenfassung	b	c	a
Bild	2	1	3

ZUSAMMENFASSUNGEN

a. Wunschliste an den Mai: bitte bringe Veilchen, Nachtigallen und Kuckucks mit!
b. Bitte an den Mai, doch bald zu kommen, die Bäume wieder grün zu machen und die Veilchen blühen zu lassen.
c. Auch im Winter gibt es vieles, was Spaß macht, wie Spiele oder Schlittenfahrten im Schnee oder Blindekuh- und Kartenspiele.

BILDER

1.   2.   3.

Schreib mal!

E. Komm, lieber . . . Schreibe einen Brief an deinen Lieblingsmonat oder deine Lieblingsjahreszeit. Beschreibe, was dir an diesem Monat oder dieser Jahreszeit gefällt und warum du ihn oder sie vermisst. (HINT: *Taking the song by Christian Overbeck as an example, write a letter to your favorite month or season, saying why you like it so much and why you miss it.*)

Ach wenn's doch erst . . .

O komm und bring vor allem . . .

Wie möcht' ich doch so gerne . . .

Bring auch viel . . .

Komm lieber ___, wir bitten dich gar sehr!

Ach, lieber ___, wie gerne . . .

Man kann im/in der ___ . . .

Komm, lieber ___, und mache . . .

Answers will vary.

WIEDERHOLUNG 2

• •

VIDEOTHEK

• •

A. Zu welcher Folge gehört das? (HINT: *Listen to the following excerpts from the video and match them with the appropriate episode.*)

	„Der Umzug nach Köln"	„Das Karnevalsfest"	„Der Unfall"
1.			X
2.		X	
3.			X
4.	X		
5.	X		
6.		X	
7.			X

B. Stimmt das oder stimmt das nicht? Markiere JA oder NEIN. (HINT: *Mark the following statements yes [JA] or no [NEIN], according to the video.*)

		JA	NEIN
1.	Marion und Lars bleiben in Rheinhausen.	☐	☑
2.	Heinz Koslowski schenkt seinem Nachbarn Karl die Tauben.	☑	☐
3.	Heinz Koslowski arbeitet als Hausmeister in Köln.	☑	☐
4.	Die Karnevalsparty hört auf, weil es anfängt zu regnen.	☐	☑
5.	Der Taxifahrer verkauft für DM 11,80 Blumen im Taxi.	☐	☑
6.	Marion hat eine leichte Gehirnerschütterung (*concussion*).	☑	☐
7.	Die Familie Koslowski will in den Urlaub fahren.	☐	☑

VOKABELN

A. Was sagst du? (HINT: *What do you say? Choose the best response for each of the statements you hear.*)

Du hörst: Ich feiere heute Muttertag.
Du sagst: Alles Gute!
Du hörst: Ja, zum Muttertag sagt man „Alles Gute!"

Alles Gute!

Herzlich willkommen!

Herzlichen Glückwunsch zum Geburtstag!

Gute Reise!

Guten Rutsch ins neue Jahr!

Viel Spaß!

1. ...   2. ...   3. ...   4. ...   5. ...

B. Stimmt das oder stimmt das nicht? Stefan beschreibt seine Wohnung und die Umgebung. Hör zu und markiere JA oder NEIN. (HINT: *Listen as Stefan describes his apartment and surroundings. Mark the statements yes [JA] or no [NEIN].*)

		JA	NEIN
1.	Er wohnt in einer Großstadt in Bayern.	☐	✔
2.	Er hat eine große Neubauwohnung.	☐	✔
3.	Stefan sieht die Berge von seiner Wohnung aus.	✔	☐
4.	Er hat einen Garten.	☐	✔
5.	Seine Wohnung liegt in der Nähe von einem Supermarkt.	✔	☐
6.	Er wohnt mit seinem Bruder zusammen.	☐	✔

C. Die Jahreszeiten. Vier verschiedene Monate sind in jeweils zwei Jahreszeiten. Fülle die Jahreszeiten ein. (HINT: *There are four different months that straddle the seasons. Fill in the seasons that go with these straddling months.*)

der Frühling
der Winter
der Herbst
der Sommer

D. So ein Wetter! In welcher Jahreszeit kommt dieses Wetter? Schreibe die Jahreszeit auf. (HINT: *Write the name of the season that is most likely to have each kind of weather.*) Answers may vary.

1. Es regnet, und es ist kalt.

   der Herbst (der Frühling, der Winter)

2. Die Sonne scheint, und es ist heiß.

   der Sommer (der Frühling, der Herbst)

3. Die Sonne scheint, und es ist heiter und warm.

   der Frühling (der Sommer, der Herbst)

4. Es schneit, und es ist kalt.

   der Winter (der Herbst, der Frühling)

E. Parallelen. Setze das richtige Wort ein. (HINT: *Choose the word that makes the following relationships parallel.*)

1. der Arm: die Hand = das Bein: __b__
   a. der Finger   b. der Fuß   c. die Schulter

2. der Kopf: der Mund = der Mund: __c__
   a. die Füße   b. die Haare   c. die Zähne

STRUKTUREN

• •

A. Geschenke fürs Familienfest. Sage, für wen du die Geschenke kaufst. (HINT: *Answer the questions by saying for whom you are buying each of the following presents.*)

Du hörst: Für wen ist das Buch?
Du sagst: Es ist für den Bruder.
Du hörst: Es ist für den Bruder.

1. die Großmutter
2. die Tante
3. der Cousin
4. die Eltern
5. das Kind
6. der Onkel

B. Was machen diese Leute heute? Hör zu und beantworte die Fragen. (HINT: *What are these people going to do today? Listen and answer the questions.*)

Du hörst: Was macht Birgit heute?
Du liest: Birgit: müssen / Blumen kaufen
Du sagst: Birgit muss Blumen kaufen.
Du hörst: Birgit muss Blumen kaufen.

1. Hans: sollen / eine Wohnung mieten
2. Ulla: müssen / die Miete bezahlen
3. Kim und Christian: dürfen / Tennis spielen
4. Frau Schimanski: können / im Wald wandern
5. wir: können / mit der Straßenbahn fahren
6. Herr Schimanski: wollen / ins Konzert gehen

C. Kulturreisen durch Deutschland. Sieh dir das Kulturprogramm für die Woche vom 16.–22. November an. Schreibe ein **S** neben die Städte, wo Frau Schwaabe etwas sehen kann. Schreibe ein **F** neben die Städte, wo Frau Fuchs etwas sehen oder hören kann. Schreibe auch deine Initialen neben die Städte, wo du etwas gut findest. (HINT: *Read the following cultural calendar and the information below. Put an* **S,** *for* **Frau Schwaabe,** *or an* **F,** *for* **Frau Fuchs,** *next to the cities where there might be an event they could enjoy. Put your own initials next to the cities where you might enjoy the events.*) Answers with student's initials will vary.

DIE WOCHE VOM 16. BIS 22. NOVEMBER

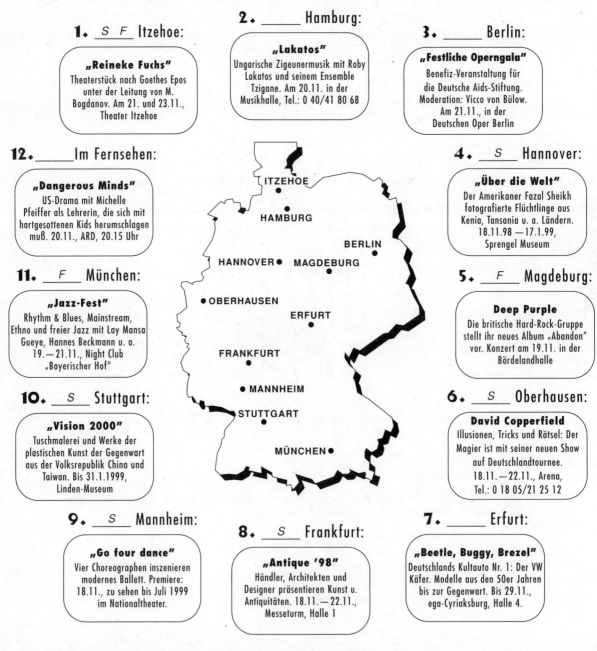

1. _S F_ Itzehoe:

„Reineke Fuchs"
Theaterstück nach Goethes Epos
unter der Leitung von M.
Bogdanov. Am 21. und 23.11.,
Theater Itzehoe

2. _____ Hamburg:

„Lakatos"
Ungarische Zigeunermusik mit Roby
Lakatos und seinem Ensemble
Tzigane. Am 20.11. in der
Musikhalle, Tel.: 0 40/41 80 68

3. _____ Berlin:

„Festliche Operngala"
Benefiz-Veranstaltung für
die Deutsche Aids-Stiftung.
Moderation: Vicco von Bülow.
Am 21.11., in der
Deutschen Oper Berlin

12. _____ Im Fernsehen:

„Dangerous Minds"
US-Drama mit Michelle
Pfeiffer als Lehrerin, die sich mit
hartgesottenen Kids herumschlagen
muß. 20.11., ARD, 20.15 Uhr

4. _S_ Hannover:

„Über die Welt"
Der Amerikaner Fazal Sheikh
fotografierte Flüchtlinge aus
Kenia, Tansania u. a. Ländern.
18.11.98 – 17.1.99,
Sprengel Museum

11. _F_ München:

„Jazz-Fest"
Rhythm & Blues, Mainstream,
Ethno und freier Jazz mit Lay Mansa
Gueye, Hannes Beckmann u. a.
19.–21.11., Night Club
„Bayerischer Hof"

5. _F_ Magdeburg:

Deep Purple
Die britische Hard-Rock-Gruppe
stellt ihr neues Album „Abandon"
vor. Konzert am 19.11. in der
Bördelandhalle

10. _S_ Stuttgart:

„Vision 2000"
Tuschmalerei und Werke der
plastischen Kunst der Gegenwart
aus der Volksrepublik China und
Taiwan. Bis 31.1.1999,
Linden-Museum

6. _S_ Oberhausen:

David Copperfield
Illusionen, Tricks und Rätsel: Der
Magier ist mit seiner neuen Show
auf Deutschlandtournee.
18.11.–22.11., Arena,
Tel.: 0 18 05/21 25 12

9. _S_ Mannheim:

„Go four dance"
Vier Choreographen inszenieren
modernes Ballett. Premiere:
18.11., zu sehen bis Juli 1999
im Nationaltheater.

8. _S_ Frankfurt:

„Antique '98"
Händler, Architekten und
Designer präsentieren Kunst u.
Antiquitäten. 18.11.–22.11.,
Messeturm, Halle 1

7. _____ Erfurt:

„Beetle, Buggy, Brezel"
Deutschlands Kultauto Nr. 1: Der VW
Käfer. Modelle aus den 50er Jahren
bis zur Gegenwart. Bis 29.11.,
ega-Cyriaksburg, Halle 4.

1. Frau Schwaabe will nicht fernsehen. Sie soll keine Musikkonzerte besuchen, weil sie Ohrenschmerzen hat. Sie hat Autos nicht gern. Wo kann sie etwas sehen?
2. Frau Fuchs kann nur am 19. oder am 23.11. ausgehen. Sie will nur Musik hören und ins Theater gehen. Wo gibt es etwas für sie?
3. Und du? Wo willst du hin?

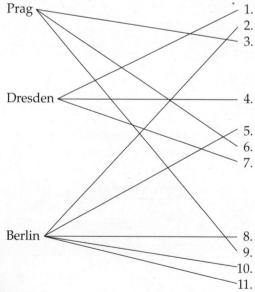

DER URLAUB

VIDEOTHEK

A. Wien oder Zürich oder Rügen? Der Professor und Marion beschreiben diese drei Orte. Hör zu und ergänze die Sätze. (HINT: *The professor and Marion are describing three vacation destinations: Vienna, Zurich, and Rügen. Listen closely and fill in the blanks.*)

1. Ja, _____Wien_____ wäre eine gute Idee.

2. Wenn ich an Wien _____denke_____, dann _____denke_____ ich an Kultur, an die alte Architektur und an die schönen Schlösser.

3. Und man kann auch _____viel_____ _____Spaß_____ im Prater haben.

4. Zürich—das ist wirklich eine _____Reise_____ wert.

5. Für Kulturfans gibt es das Opernhaus und das Schauspielhaus oder auch die vielen _____Feste_____.

6. Rügen ist eine _____Insel_____ in der Ostsee. Besonders bekannt für die Kreidefelsen und die unberührte _____Natur_____.

B. Hamdi, aus Ägypten. Hamdi beschreibt seinen ersten Urlaub in Europa. Verbinde die Orte mit den Sehenswürdigkeiten und Aussagen. (HINT: *Hamdi is from Egypt. Listen as he describes his first vacation in Europe. Draw lines to match the cities on the left with the sights and statements on the right.*)

Prag

Dresden

Berlin

1. Das Wetter war sonnig und warm.
2. Das ist die Hauptstadt von Deutschland.
3. die Karlsbrücke
4. Er hat „Die Zauberflöte" von Wolfgang Amadeus Mozart in der Semperoper gesehen.
5. Es gibt die Humboldt-Universität in dieser Stadt.
6. Das Wetter war nicht so gut. Es war kalt.
7. die Frauenkirche
8. Dort gibt es die Siegessäule.
9. Es liegt in Tschechien.
10. Da hat es geregnet.
11. das Brandenburger Tor

VOKABELN

A. Was zieht man an? (HINT: *What do people wear in different seasons?*)

Mario

Alexandra

Silke

Andreas

Du hörst: Was zieht Mario im Winter an?
Du sagst: Er zieht Stiefel, eine Mütze und einen Mantel an.
Du hörst: Er zieht Stiefel, eine Mütze und einen Mantel an.

1. ... 2. ... 3. ...

B. Wie fährt Irene in Urlaub? Setze die fehlenden Wörter ein. (HINT: *Irene is using various modes of transportation on her world tour. Fill in the missing words.*)

1. Nach Norwegen fahre ich mit dem _____ Schiff _____.

2. Nach Ungarn fahre ich immer mit dem _____ Bus _____.

3. Mit dem _____ Flugzeug _____ fliege ich nach Indien.

4. Mit dem _____ Motorrad _____ fahre ich nach Irland.

5. Mit dem _____ Zug _____ fahre ich nach Frankreich.

6. Nach Italien fahre ich mit dem _____ Fahrrad _____.

C. Wie fahren andere in Urlaub? (HINT: *How do the following people go on their vacation?*)

Du hörst: Wie fährt Robert in Urlaub?
Du sagst: Robert fährt mit dem Fahrrad in Urlaub.
Du hörst: Robert fährt mit dem Fahrrad in Urlaub.

1. Sonja
2. Torsten
3. Bernd
4. Klaus
5. Tanja

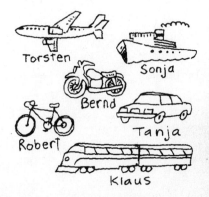

D. Was passt nicht? Kreise das Wort ein, das nicht dazugehört. (HINT: *Circle the word that does not belong in each group.*)

1. die Hose — die Jeans —(der Anorak)

2. (der Rock)— die Mütze — der Hut

3. das Kleid —(die Krawatte)— das Kostüm

4. (die Hose)— das Frauensakko — das Jackett

5. der Trenchcoat — der Regenmantel —(das Hemd)

E. Was zieht man wann an? Ergänze die Sätze. (HINT: *Complete the following sentences with the appropriate footwear for each occasion.*)

1. Im Sommer zieht man am Strand _____ *Sandalen* _____ an.

2. Im Winter zieht man _____ *Stiefel* _____ an.

3. Zum Basketballspielen zieht man _____ *Sportschuhe* _____ an.

F. Wer möchte was? (HINT: *Make correct sentences by putting two halves together. Some items have more than one right answer.*)

1. Meine Eltern *e or f*   a. du heute Abend ins Kino gehen
2. Ich *c or d*   b. ihr noch etwas sehen
       c. möchte bitte drei Fahrkarten kaufen
3. Möchtest *a* ?   d. möchte Karten spielen
       e. möchten bitte diese Stiefel anprobieren
4. Mein Sohn *c or d*   f. möchten in Österreich Urlaub machen
5. Wir *e or f*
6. Möchtet *b* ?

G. Was ist richtig? Umkreise den richtigen Ausdruck. (HINT: *Circle the word or expression that best completes each sentence.*)

1. Für einen kurzen Urlaub braucht man (einen Rucksack / viel Gepäck).

2. Der Urlaub (fliegt / dauert) nicht lange.

3. Die Auskunft muss man (anrufen / anziehen).

4. Mit dem Flugzeug (fährt / fliegt) man nach Frankfurt und dann muss man umsteigen.

5. Das Gepäck gibt man (bei der Gepäckaufbewahrung / am Fahrkartenschalter) ab.

H. Der Urlaub fängt an. Nummeriere die Wörter in der richtigen Reihenfolge. (HINT: *Number the following actions in the order you would do them to go on vacation.*)

_2_ anziehen

_1_ aufstehen

_6_ aussteigen

_3_ einpacken

_4_ einsteigen

_5_ umsteigen

_7_ zurückkommen

I. Dein Urlaub. Beschreibe deinen Urlaub (ganz kurz: in 30–50 Wörtern). Zum Beispiel: Wie fährst du am liebsten in den Urlaub? Was nimmst du mit? Wohin fährst du? . . . (HINT: *Give a short description [30–50 words] of your vacation. How do you prefer to travel? What do you take with you? Where do you go? . . .*)

Answers will vary.

_____

_____

_____

_____

_____

_____

_____

STRUKTUREN

A. Gute Ratschläge. Ein Patient und eine Patientin gehen zum Arzt. Kreuze an, wer welche Ratschläge bekommt. (HINT: *Two patients get advice from a doctor. Check off who is getting which advice.*)

	Patient	Patientin
1. mit dem Rauchen^a aufhören	✓	
2. Tee trinken		✓
3. viel schlafen		✓
4. Vitamintabletten nehmen	✓	✓
5. mal eine Reise buchen	✓	
6. nicht früh aufstehen	✓	

^asmoking

B. Das Hotel Globus. Hör zu und ergänze die Lücken. Du hörst den Text zweimal. (HINT: *You will hear an advertisement for the Hotel Globus. Fill in the blanks. You will hear the text twice.*)

_____Packen_____ [1] Sie ihren Koffer und _____kommen_____ [2] Sie

in Berlin im Hotel Globus _____vorbei_____![3] Wir

_____laden_____ [4] Sie in unser Drei-Sterne-Hotel

_____ein_____![5] _____Steigen_____ [6] Sie am Alexander-Platz

_____aus_____ [7] und _____gehen_____ [8] Sie 7 Minuten bis zu

unserem Hotel! _____Buchen_____ [9] Sie heute und

_____zahlen_____ [10] Sie nur 99.– DM pro Nacht!

_____Rufen_____ [11] Sie uns gleich unter der Telefonnummer

030/555 07-0 _____an_____ [12] oder _____schreiben_____ [13] Sie

uns ein Fax!

NEU in Berlin

★★★

HOTEL GLOBUS
240 Doppelzimmer

Drei-Sterne-Komfort, unverschämt günstig.

Übernachtung im Doppelzimmer 1 oder 2 Personen nur **99.–**

SELECT-HOTEL-GLOBUS
Frankfurter Allee/Ruschestr.45
Nähe Zentrale der Deutschen Bahn AG
10367 Berlin-Lichtenberg
Tel. 030/555 07-0 • Fax: 555 07-800

Ca.7 Minuten zum Alexander-Platz

C. In Berlin. Ein Tourist stellt dir viele Fragen. Beantworte sie. (HINT: *Pretend you live in Berlin. Answer the many questions a tourist there is asking you.*)

Du hörst: Kann ich mit der U-Bahn zum Brandenburger Tor fahren?
Du liest: ja, mit der U-Bahn fahren
Du sagst: Ja, fahren Sie mit der U-Bahn.
Du hörst: Ja, fahren Sie mit der U-Bahn.

1. ja, am Fahrkartenschalter bezahlen
2. ja, einen Fahrplan mitnehmen
3. ja, ein Foto machen
4. ja, mit dem Bus zurückkommen

 D. Pack die Badehose ein! (HINT: *What do people need to pack for their vacations?*)

Du hörst: Ich fahre nach London. Was soll ich einpacken?
Du siehst:

Du liest: der Regenmantel
Du sagst: Pack den Regenmantel ein!
Du hörst: Gut. Ich packe den Regenmantel ein.

der Regenmantel
die Sportschuhe   der Rucksack
die Shorts
die Krawatte

1.
2.
3.
4.

E. Urlaubspläne. Familie Badano plant einen Urlaub in der Schweiz. Ergänze die Tabelle mit den Imperativformen. (HINT: *The Badanos are planning a vacation in Switzerland. Complete the table with the missing imperatives.*)

Herr und Frau Badano (Sie)	Michael (Du)	Sabine und Peter (Ihr)
1. Stehen Sie früh auf!	*Steh früh auf!*	*Steht früh auf!*
2. *Nehmen Sie Stiefel mit!*	*Nimm Stiefel mit!*	Nehmt Stiefel mit!
3. *Packen Sie einen Pullover ein!*	Pack einen Pullover ein!	*Packt einen Pullover ein!*
4. *Fahren Sie mit dem Zug!*	*Fahr mit dem Zug!*	Fahrt mit dem Zug!
5. Lesen Sie den Katalog!	*Lies den Katalog!*	*Lest den Katalog!*
6. *Essen Sie nicht so viel!*	Iss nicht so viel!	*Esst nicht so viel!*

F. Vor dem Urlaub. Herr Badano ist sehr nervös und gibt allen Menschen Befehle. Bilde Sätze im Imperativ. (HINT: *Before the trip to Switzerland, Mr. Badano is getting nervous and ordering everyone around. Write sentences in the imperative.*)

1. Michael: den Flug buchen *Buch den Flug!*

2. Sabine: eine Badehose kaufen *Kauf eine Badehose!*

3. Peter: Unterwäsche mitnehmen *Nimm Unterwäsche mit!*

4. der Taxifahrer: doch aufpassen *Passen Sie doch auf!*

5. Michael und Sabine: keine Computerspiele im Zug spielen *Spielt keine Computerspiele im Zug!*

G. Der Abschiedsbrief. Du fährst in den Urlaub und schreibst einem Freund oder einer Freundin einen kleinen Abschiedsbrief. (HINT: *You are leaving for a vacation in Switzerland. Write a brief note to a friend of yours, with requests and tips for the time you are gone.*)

MODELL:

> Liebe Katrin:
> ich fahre in die Schweiz. Schreib mir bitte mal eine E-Mail! Ruf deinen Onkel auch an und sag ihm bitte schöne Grüße von mir! Ich komme in einer Woche zurück.
>
> Dein Heinz
> P.S. Geh bitte mit dem Hund spazieren!

Answers will vary.

Darf's ein bisschen weniger Tourismus sein?

Endlich Ferien. Ihre Schweiz.

AUSSPRACHE

··

More Consonant Combinations

A. The consonant combinations *sp/st.* The consonant combinations **sp** and **st** are pronounced [shp] and [sht] at the beginning of a word or a word stem in German.

Listen and repeat.

> **Sp**rache
> **sp**rechen
> **sp**ielen
> **sp**ät
> **Sp**ort
> **St**uhl
> früh**st**ücken
> auf**st**ehen
> Buch**st**abe
> **St**adion

In other positions, the two combinations are pronounced as in English.

Listen and repeat.

> Ho**sp**ital
> We**sp**e
> knu**sp**ern
> li**sp**eln
> Po**st**
> Touri**st**
> Fen**st**er
> ko**st**en

Satzbeispiele. Listen and repeat.

1. Tennis**sp**ielen in **Sp**anien macht **Sp**aß.
2. Die **St**ühle **st**ehen im **Sp**ielzimmer und ko**st**en fast 30 Mark pro **St**ück.
3. Die **St**udentinnen **sp**rechen mit den Touri**st**en.

B. The consonant combination *ch.* The two sounds represented by German **ch** have no equivalent in English. After **a, o, u,** and **au,** the **ch** has a guttural sound. That means that the sound originates in the back of the throat (like the English *k*), with the tongue lowering to allow air to come through. This sound is somewhat close to the **r** that is trilled in the back of the throat.

Listen and repeat.

> acht
> machen
> doch
> kochen
> suchen
> Buch
> auch

A less throaty sound is produced when **ch** occurs after the vowels **e** and **i,** vowels with umlauts, the diphthongs **ei (ai)** and **eu (äu),** and the consonants **l, n,** and **r.** The suffix **ig** can also be pronounced with this softer **ch** sound. This sound originates a little farther forward in the mouth, on the soft palate, with the tongue raised very high but leaving enough room for air to come through.

Listen and repeat.

> schlecht
> leicht
> sprechen
> Küche
> Dächer
> möchte
> ich
> durch
> richtig
> ruhig

Contrast: soft-palate **ch** and guttural **ch.** Listen and repeat.

> ach/ich
> Nacht/nicht
> Dach/Dächer
> Tochter/Töchter

Be sure to make a clear distinction between the **ch** and **k/ck** sounds, which are pronounced the same as in English.

Listen and repeat.

> Ach/Akt
> Nacht/nackt
> dich/dick
> Bach/Backen

Satzbeispiele. Listen and repeat.

1. Die Milch wird leicht schlecht.
2. Ach, dieser Krach in der Nacht!
3. Ich bitte dich: Such doch das Buch!
4. In der Küche kochen sechzehn Töchter.

EINBLICKE

. . . .

 A. Hör zu! Was gibt es für Urlaubsmöglichkeiten in der Ostschweiz? (HINT: *Listen to advertisements for vacations in the eastern part of Switzerland. Fill in the tables.*)

	1. Appenzell: Das Appenzeller Gesundheitsangebot	2. Das Glarnerland	3. Sankt Gallen: Sankt Gallen à la carte
wie viele Tage?	[5]	3	3
wie viele Nächte/ Übernachtungen?	4	[2]	2
Halbpension oder Frühstück?	Halbpension	Halbpension	Frühstück
Preis	ab Fr. ___500,-___	Fr. 99,99 bis 159,-	ab Fr. ___165,-___

Wo gibt es das?	1. Im Appenzeller Gesundheitsangebot	2. Im Glarnerland	3. In Sankt Gallen à la carte
Massage	X		
Radfahren		X	
Stiftsbibliothek			X
Solarium	X		
Minigolf			X
Appenzeller Käse			X
Molkenkur	X		

 B. Was weißt du jetzt über Urlaubsmöglichkeiten in der Ostschweiz? Beantworte die Fragen, die du hörst. (HINT: *What have you learned about vacation opportunities in the eastern part of Switzerland? Use the tables you filled out in A to help you answer the questions you will hear.*)

Du hörst: Wo kann man eine Massage bekommen? In Zürich oder in Appenzell?
Du siehst: Eine Massage kann man in . . . bekommen.
Du sagst: Eine Massage kann man in Appenzell bekommen.
Du hörst: Eine Massage kann man in Appenzell bekommen.

1. Im Appenzeller Gesundheitsangebot sind . . . Übernachtungen.
2. Im Glarnerland kann man im Urlaub . . .
3. Das Appenzeller Gesundheitsangebot gibt es ab . . . Franken.
4. In . . . kann man die berühmte Stiftsbibliothek besuchen.
5. In Sankt Gallen bekommt man . . . Übernachtungen mit Frühstück ab 165 Franken.

C. Was kann man im Fürstentum Liechtenstein tun? Lies die Anzeigen der Fremdenverkehrszentrale und ergänze die Informationen. (HINT: *Fill in the missing information, based on the following ads for activities in Liechtenstein.*)

Das Liechtensteiner Unterland lockt vom 4. bis 12. Juli mit den **Liechtensteinischen Gitarrentagen LiGiTa** die Welt der Gitarrenmusik ins Fürstentum.

In der fürstlichen Residenz zu Füßen von Schloss Vaduz bringen vom 6. bis 25. Juli zum 28. Mal die **Internationalen Meisterkurse** die Elite der klassischen Musik und des Jazz zu Konzerten nach Liechtenstein.

Für Kino-Freaks kommt der europäische Film mit 17 **Open-Air-Filmaufführungen** ins Mondschein-Kino vom 25. Juni bis 11. Juli nach Vaduz.

Und vom 21. bis 23. August verwandelt das **Internationale Musik-Festival Vaduz**, „The Little Big One", das Zentrum von Vaduz zur Rock-Pop-Dixie-Piazza.

1. LiGiTa steht für _b_.
   a. das Liechtensteiner Unterland
   b. die Liechtensteinischen Gitarrentage
   c. die Welt der Gitarrenmusik

2. Bei LiGiTa kann man _c_ hören.
   a. Jazz
   b. Mondschein-Kino
   c. Gitarrenmusik

3. „The Little Big One" ist _a_.
   a. das Internationale Musik-Festival Vaduz
   b. das Fürstentum Liechtenstein
   c. die fürstliche Residenz zu Füßen von Schloss Vaduz

4. Beim „Little Big One" kann man _c_ hören.
   a. klassische Musik und Jazz
   b. Gitarre
   c. Rock, Pop und Dixie

5. Konzerte mit klassischer Musik kann man _a_ hören.
   a. in der fürstlichen Residenz
   b. im Zentrum von Vaduz
   c. im Mondschein-Kino

6. Im Mondschein-Kino gibt es _b_ zu sehen.
   a. nur Filme aus Liechtenstein
   b. Filme aus ganz Europa
   c. Filme aus Afrika, Amerika und Europa

PERSPEKTIVEN

• •

Hör mal zu!

A. Radtour auf Rügen. Lydia und Steffen wohnen in Berlin und organisieren für die Sommerferien eine Radtour auf Rügen. Sie wollen mit Freunden eine Woche lang quer durch die Insel radeln und abends auf Campingplätzen übernachten. Hör zu, wie Lydia und Steffen ihre Pläne machen. Welche Informationen fehlen? Du hörst das Gespräch zweimal. (HINT: *Listen as Lydia and Steffen plan their bicycle trip on Rügen. Fill in the missing words. You will hear their conversation twice.*)

LYDIA: Na Steffen, weißt du jetzt, wer nach Rügen _____mitkommt_____?[1]

STEFFEN: Also ich hab' alle noch mal _____gefragt_____,[2] und außer uns beiden kommen noch der

Nick, Mario, Michael, Gordon und Sabine.

LYDIA: Das heißt, wir sind zusammen sieben und _____brauchen_____[3] mindestens drei Zelte.

STEFFEN: Haben wir auch. Michael, Gordon und ich _____bringen_____[4] unsere Dreimannzelte.

Was brauchen wir denn sonst noch alles?

LYDIA: Hat jeder ein gutes _____Fahrrad_____?[5]

STEFFEN: Sicher! Nur der Nick hat keins, aber er wird in Bergen eins _____mieten_____.[6]

LYDIA: Schlafsäcke haben aber doch wohl alle?

STEFFEN: Ja sicher, und auch _____Taschen_____[7] und Rucksäcke.

LYDIA: Was sollen wir zum Anziehen mitnehmen?

STEFFEN: Meine Familie kommt aus Stralsund und ich kenne mich da oben gut aus. Ich kann dir sagen,

dass es da auch im _____Sommer_____[8] ganz schön kalt werden kann. Wir brauchen also

alle einen Anorak, zwei oder drei Jeanshosen, _____Socken_____[9] und Unterwäsche.

Natürlich auch Shorts für warmes _____Wetter_____[10] und einen Jogginganzug zum

Schlafen. Badetücher und Kulturbeutel _____dürfen_____[11] wir auch nicht vergessen.

LYDIA: Meinst du, wir _____können_____[12] da irgendwo unsere Wäsche waschen?

STEFFEN: Ganz bestimmt, aber dazu haben wir keine Zeit, und das ist auch zu _____teuer_____[13]

. . . Du, Badeanzüge dürfen wir auch nicht vergessen. Ein paar sonnige Tage wird es bestimmt

geben, und Binz hat einen tollen _____Strand_____.[14]

LYDIA: Okay, und was brauchen wir außer _____Kleidung_____?[15]

STEFFEN: Werkzeug für Fahrradpannen, Besteck, . . .

B. Das österreichische Urlaubsangebot. Wie viele gibt es davon? (HINT: *Listen to some of the vacation options available in Austria. Draw lines to show how many there are of each.*)

5 — Golfplätze

38 — Nationalparks

69 — Naturschutzparks und Naturschutzgebiete

95 — Tennisplätze

4.840 — Wildparks

Lies mal!

Urlaub in Österreich

Das österreichische Fremdenverkehrsamt lädt ein:

Springen Sie hinein ins volle Leben, wie es nur Österreich bieten kann! Dieses Land ist so reich an Urlaubsfreuden und Erlebnissen, dass es immer wieder zum Kommen und Wiederkommen einlädt! Es geht gar nicht anders, in Österreich packt jeden früher oder später die Lust, das vielfältige Angebot zu nutzen!

5 Nationalparks
17 Tauchschulen
33 Wasserskischulen
36 Kunsteisbahnen
38 Wildparks
60 Segelschulen
69 Naturschutzparks und Naturschutzgebiete
95 Golfplätze
100 Windsurfschulen
500 Fahrradverleihstellen
500 Naturrodelbahnen
500 Orte mit Reitmöglichkeiten
528 Skischulen
600 Orte mit Fischereimöglichkeiten
900 Hallenbäder
1.250 Frei- und Strandbäder
4.840 Tennisplätze in rund 1.000 Orten
10.000 km markierte Radwanderwege
16.000 km Langlaufloipen
22.000 km Skipisten und Tourenabfahrten
50.000 km Wanderwege

Österreich bietet an seinen Seen, in den Bergen, Tälern und in den Städten den größten Urlaubskomfort. Vom 5-Sterne-Hotel bis zum gemütlichen Urlaub auf dem Bauernhof. Die Entscheidung überlassen wir ganz Ihnen. Ausführliche Spezialangebote, auch für den Kurzurlaub, gibt es zu folgenden Themen: Angel-Abenteuer, Urlaub auf dem Bauernhof, Golf, Kinderhotels, Kleine historische Städte, Reiterferien, Tennis und Sprachferien. Rufen Sie uns einfach an oder senden Sie uns eine E-MAIL.

This information is excerpted and slightly modified from information given by the Austrian National Tourism Office on their Web site at www.austria-tourism.at/oew/blick.html

---

Wortschatz zum Text

das Fremdenverkehrsamt	*tourist information office*
vielfältig	*diverse*
das Angebot	*offering, set of possibilities*
die Tauchschule	*diving school*
die Kunsteisbahn	*artificial ice-skating rink*
der Wildpark	*game preserve*
die Fahrradverleihstelle	*bicycle renting place*
die Naturrodelbahn	*toboggan run*
die Reitmöglichkeit	*(horse) riding opportunity*
das Hallenbad	*indoor swimming pool*
das Freibad, das Strandbad	*outdoor pool*
die Langlaufloipe	*cross-country ski trail*

C. Zum Text. Lies das Angebot des österreichischen Fremdenverkehrsamts noch einmal und finde alle Wassersport- und Wintersportarten. (HINT: *Find the water sports and winter sports listed by the Austrian National Tourism Office.*)

Wassersport

1. _____ 17 Tauchschulen _____

2. _____ 33 Wasserskischulen _____

3. _____ 60 Segelschulen _____

4. _____ 100 Windsurfschulen _____

5. _____ 600 Orte mit Fischereimöglichkeiten _____

6. _____ 900 Hallenbäder _____

7. _____ 1.250 Frei- und Strandbäder _____

Wintersport

1. _____ 36 Kunsteisbahnen _____

2. _____ 500 Naturrodelbahnen _____

3. _____ 528 Skischulen _____

4. _____ 16.000 km Langlaufloipen _____

5. _____ 22.000 km Skipisten und Tourenabfahrten _____

D. Welche Wörter fehlen? Finde die richtigen Wörter und Ausdrücke aus dem Text. (HINT: *Complete this paragraph with information from the Austrian National Tourism Office.*)

> Naturrodelbahnen
> Angebote
> Radwanderwege
> Skipisten
> Langlaufloipen
> Wildparks   Skischulen
> Wanderwege

Viele Familien fahren immer wieder nach Österreich, denn es gibt so viel zu tun und zu sehen.

Besonders Wintersportler lieben dieses Land, denn es gibt nicht nur zweiundzwanzigtausend

Kilometer _____ Skipisten _____[1] und Tourenabfahrten, sondern auch sechzehntausend

Kilometer _____ Langlaufloipen _____[2] Für alle, die noch nicht Skilaufen können, gibt es auch

über fünfhundert _____ Skischulen _____[3] Besonders Familien mit Kindern finden hier

viele interessante _____ Angebote _____[4] Im Winter können diese Familien auf den

_____ Naturrodelbahnen _____[5] mit ihren Kindern Schlitten fahren. Besonders beliebt sind bei

Kindern auch _____ Wildparks _____,[6] weil sie dort wilde Tiere ganz nah beobachten

können.

Schreib mal!

E. Urlaub ja—aber wie? Beschreibe eine der folgenden Urlaubsideen. Welchen Urlaub möchtest du machen? Wie lang soll der Urlaub sein? Wie teuer? Was kann man in dem Urlaub machen? Was für Menschen sind da? Was ziehst du da an? (HINT: *Describe one of the following vacations. Which one would you choose to do? How long would it last? How much would it cost? What activities would be included? Who are some of the people you might meet there? What would you wear?*)

Urlaub auf dem Bauernhof   Sprachferien
Reiturlaub

Answers will vary.

_____

_____

_____

_____

_____

_____

_____

_____

_____

F. Urlaub in Österreich. Drei Freunde planen einen Urlaub in Österreich, aber sie kennen Österreich nicht gut. Du musst ihnen helfen. Schreibe ihnen einen Brief oder eine E-Mail und sag ihnen, ob sie im Sommer oder im Winter kommen sollen. Wie lange sollen sie bleiben? Wie müssen sie fahren? Was bringen sie mit? (HINT: *Three friends are planning a vacation in Austria, but they don't know Austria as well as you do. Write them a letter or an e-mail message to tell them what time of year you think they should come, how long they should stay, how they should travel, what they should bring along, and anything else you want them to know.*)

Answers will vary.

_____

_____

_____

_____

_____

_____

_____

_____

KAPITEL 8 AUF DER INSEL RÜGEN

VIDEOTHEK

A. Wer sagt das? Hör zu und ordne die Namen den Aussagen zu. (HINT: *Listen closely and write down the names of the speakers.*)

V = Vera   M = Marion   P = Professor

1. __V__   Netter Junge, der Michael, hmm?

2. __M__   Ein Foto machen, ja. Ein Andenken an Rügen.

3. __P__   Und vielleicht einen kleinen Spaziergang.

4. __M__   Mmh, einen Spaziergang . . . das wäre super! Aber nicht mit meiner Mutter.

5. __V__   Hach . . . Seeluft! Guck mal, wer da ist!

6. __V__   Komm, machst du mal ein Foto?

B. Welche Kunststile erwähnen Marion und der Professor? Kreuze sie an. (HINT: *Mark the three styles of art mentioned by Marion and the professor.*)

____ der Jugendstil

__✓__ die Romantik

____ der Naturalismus

____ der Impressionismus

__✓__ der Expressionismus

__✓__ die Renaissance

C. Was macht man alles im Urlaub? Schreibe die Aktivitäten auf. Du hörst das Gespräch zweimal. (HINT: *What do you do during your vacation? Write down the activities you hear. You will hear the conversation twice.*)

MARION: Im Urlaub möchte man _____*Spaß*_____ _____*haben*_____ . . .

_____*wandern*_____ . . .

PROFESSOR: _____*Fahrrad*_____ _____*fahren*_____ . . .

MARION: _____*schwimmen*_____ . . .

PROFESSOR: _____*angeln*_____ . . .

MARION: _____*segeln*_____ . . .

VOKABELN

A. Wo übernachten sie am liebsten im Urlaub? (HINT: *Say where the following people prefer to stay on their vacations.*)

Du hörst: Arnhilt kann nicht viel bezahlen. Was sucht er?
Du liest: Arnhilt sucht (eine Jugendherberge / ein Hotel).
Du sagst: Arnhilt sucht eine Jugendherberge.
Du hörst: Das finde ich auch. Eine Jugendherberge ist für Arnhilt das Richtige.

1. Tante Elfrieda und Tante Herta nehmen (ein Einzelzimmer / ein Doppelzimmer).
2. Herr und Frau Denner wohnen in (einem kleinen Hotelzimmer / einer Ferienwohnung).
3. Onkel Albrecht schläft in (einem Einzelzimmer / einer großen Ferienwohnung).

B. Was machst du dort? (HINT: *Say what activities you might get involved in in each location.*)

Du hörst: Was machst du am See?
Du liest: in der Sonne liegen
Du sagst: Am See liege ich in der Sonne.
Du hörst: Ich auch! Ich liege auch in der Sonne!

1. Golf spielen
2. Billard spielen
3. Tennis spielen
4. Kunstwerke betrachten

C. Ein Anruf im Hotel. Kreuze an, was der Anrufer zuerst möchte. Dann hör dir das Gespräch noch einmal an, und kreuze an, was er nimmt. (HINT: *Listen to the following conversation with a hotel reservation clerk. Mark what the caller asks for. Then listen again and mark what he agrees to take.*)

	DAS WILL ER		DAS NIMMT ER
das Doppelzimmer	☐	das Doppelzimmer	☑
das Einzelzimmer	☑	das Einzelzimmer	☐
das Bad	☑	das Bad	☐
die Dusche	☐	die Dusche	☑
das Erdgeschoss	☐	das Erdgeschoss	☐
der erste Stock	☑	der erste Stock	☑

D. Was macht der Gast zuerst? Nummeriere die Sätze in der richtigen Reihenfolge. (HINT: *What does the hotel guest do first? Number the statements in the correct order.*)

a. _3_ Dann bekommt er den Schlüssel für das Zimmer im ersten Stock.

b. _2_ Der Gast füllt das Formular aus.

c. _1_ Der Gast geht zur Rezeption.

d. _4_ Danach fährt der Gast mit dem Fahrstuhl.

E. Wer wohnt wo? Wo wohnen diese Personen im Urlaub? Finde passende Übernachtungen für sie.
(HINT: *Where do these people stay when they go on vacation? Assign them to appropriate lodgings by writing their names below where they stay. There is more than one possible set of right answers.*) Answers may vary.

1. Im Urlaub fährt Herr Mayer nach Wien. Er betrachtet Kunstwerke.
2. Nina und Stefan fliegen in die Türkei. Sie liegen am Strand in der Sonne.
3. Frau Schulze fährt nach Bayern. Sie besichtigt Burgen.
4. Tom und Lisa reisen durch Europa. Sie brauchen billige Zimmer.
5. Der kleine Peter fährt mit seinen Eltern auf das Land. Er angelt und reitet.

Herr Mayer
Tom und Lisa
Nina und
Stefan Peter
Frau Schulze

F. Was macht man im Urlaub? Was macht man nicht im Urlaub? Ordne die Wörter in die richtigen Spalten ein. (HINT: *Sort the following activities based on whether people would usually do them or not on vacation. Write them in the correct columns. Cross out each item in the box once you've placed it in a column.*)
Answers may vary.

reiten   Billard spielen   studieren
Tischtennis spielen   lernen   Hausaufgaben machen

Das kann man im Urlaub machen.	Das macht man normalerweise nicht im Urlaub.
Tischtennis spielen	lernen
reiten	studieren
Billard spielen	Hausaufgaben machen

G. Was machst du am liebsten im Urlaub? Schreibe deine fünf Lieblingsaktivitäten auf. (HINT: *What do you like to do most on vacation? Write down your five favorite activities.*)

1. Answers will vary.

2.

3.

4.

5.

H. Ein idealer Tag. Beschreibe jetzt einen Urlaubstag, an dem du möglichst viele deiner Lieblingsaktivitäten (aus Aktivität G) machst. (HINT: *Describe an ideal vacation day on which you engage in as many as possible of your favorite activities [listed in Activity G above]. Write at least three complete sentences.*)

Answers will vary.

I. Eine einsame Insel. Stell dir vor, du fährst auf eine einsame Insel. Welche drei Dinge nimmst du mit? Was machst du damit? (HINT: *Imagine that you are going to a deserted island. Write down three things that you would take with you. What will you do with them?*)

1. Answers will vary.

2.

3.

STRUKTUREN

· ·

A. In Bad Reichenhall. Was haben die Wiedemanns in der Kur gemacht? Hör zu und nummeriere die Aussagen in der richtigen Reihenfolge. (HINT: *Listen to what the Wiedemanns did during their stay in Bad Reichenhall, and number the statements below as you hear them.*)

_6_	Kunstwerke betrachten
_3_	ein Zimmer im zweiten Stock haben
_5_	Golf spielen
_7_	eine Burg besichtigen
_2_	in einer Pension wohnen
_1_	einen interessanten Aufenthalt haben
_4_	am See angeln

B. Fragen über die Kur. Beantworte die Fragen. (HINT: *Answer the questions about people's stay at a spa.*)

Du hörst: Was haben Herr und Frau Epp in der Kur gemacht?
 Du liest: Tennis spielen
Du sagst: Herr und Frau Epp haben Tennis gespielt.
Du hörst: Ah ja, Herr und Frau Epp haben Tennis gespielt.

1. in einer Pension wohnen
2. ein Konzert besuchen
3. eine Segelbootsfahrt machen
4. Geburtstag feiern
5. die Burgen fotografieren
6. eine schöne Zeit haben

C. Wer war schon mal da? Beantworte die Fragen. (HINT: *Who has ever been there? Answer the questions.*)

Du hörst: Warst du schon mal in Lissabon?
 Du liest: ja , ich . . .
Du sagst: Ja, ich war schon mal in Lissabon.
Du hörst: Ja, ich war schon mal in Lissabon.

Du hörst: War Eleni schon mal in Athen?
 Du liest: nein, Eleni . . .
Du sagst: Nein, Eleni war noch nie in Athen.
Du hörst: Nein, Eleni war noch nie in Athen.

1. ja, ich . . .
2. nein, Maria und Malte . . .
3. ja, ihr . . .
4. ja, wir . . .
5. nein, sie . . .
6. ja, du . . .

D. Thomas in München. Thomas erzählt von seinen Ferien in München. Hör zu und ergänze die Lücken. (HINT: *Listen as Thomas tells about his vacation in Munich, and fill in the blanks.*)

Meine Freunde und ich _____ waren _____[1] in den Ferien in München. Wir

_____ hatten _____[2] ein Zimmer in einer Jugendherberge. Die Jugendherberge

_____ war _____[3] in einer alten Burg. Das _____ war _____[4] sehr interessant.

_____ Wusstet _____[5] ihr, dass es in München einen sehr großen Park gibt, den Englischen

Garten? Meine Freunde _____ wussten _____,[6] dass man dort Fußball spielen und in der Sonne

liegen kann. Wir _____ waren _____[7] oft den ganzen Tag im Park, und

_____ hatten _____[8] sehr viel Spaß.

E. Dialoge über Rügen. Ergänze die Lücken mit den passenden Formen von **wissen** im Imperfekt. (HINT: *Fill in the blanks with the appropriate forms of **wissen** in the simple past.*)

RÜGEN - vis á vis Hiddensee
HOTEL ZUR ALTEN SCHMIEDE
OT Poggenhof 25, 18569 Schaprode
Tel. 038309/2100 • Fax / 21043
Neu erbaut, erstklassige Ausstattung, ruh. Lage, Restaurant, HP, Kaminbar, finn. und röm. Sauna, Terrasse, Balkon, Billard, Atelier und Galerie.
-Reetdach-Ferienhaus-
URLAUB KÖNNEN SIE ÜBERALL MACHEN - ABSCHALTEN BEI UNS!

1. FRANZ: _____ *Wusstest* _____ du, dass Rügen eine Insel ist?

   MARKUS: Ja, das _____ wusste _____ ich schon.

2. KATRIN: Ali und Bärbel, _____ wusstet _____ ihr, wer Caspar David Friedrich ist?

   BÄRBEL: Ja, wir _____ wussten _____, dass er ein Maler ist.

3. DANIELA: _____ Wusste _____ Michael, dass Rügen in der Ostsee liegt?

   PETER: Nein, aber seine Eltern _____ wussten _____, dass Rügen weiße Kreidefelsen hat.

F. Hast du das gestern gemacht? Schreibe Sätze im Perfekt. (HINT: *Write sentences in the present perfect tense about whether you did the following things yesterday.*)

Du liest: Bücher lesen
Du schreibst: Gestern habe ich Bücher gelesen.
oder: Gestern habe ich keine Bücher gelesen.

Du liest: viel getanzt
Du schreibst: Gestern habe ich viel getanzt.
oder: Gestern habe ich nicht viel getanzt.

1. Freunde besuchen   *Gestern habe ich (keine) Freunde besucht.*

2. in der Bibliothek arbeiten   *Gestern habe ich (nicht) in der Bibliothek gearbeitet.*

3. klassische Musik hören   *Gestern habe ich (keine) klassische Musik gehört.*

4. an Freunde schreiben   *Gestern habe ich (nicht) an Freunde geschrieben.*

5. lange schlafen   *Gestern habe ich (nicht) lange geschlafen.*

6. mit der Familie essen   *Gestern habe ich (nicht) mit der Familie gegessen.*

G. Ausreden, Ausreden. Welche Ausreden verwenden die Leute? Verwende die Informationen aus der Tabelle und schreibe vollständige Sätze. (HINT: *People give excuses for all sorts of things. What excuses do the following people use? Write complete sentences using the information in the table.*)

ich	in Augsburg	einen Autounfall
du	bei deinen Eltern	Halsschmerzen
Gabi	im Bett	eine Erkältung
wir	zu Hause	viele Hausaufgaben
ihr	im Urlaub	viel Spaß
Herr und Frau Braun	auf Kur	keine Zeit

1. Ich war in Augsburg und hatte einen Autounfall.

2. *Du warst bei deinen Eltern und hattest Halsschmerzen.* _____

   _____

3. *Gabi war im Bett und hatte eine Erkältung.* _____

   _____

4. *Wir waren zu Hause und hatten viele Hausaufgaben.* _____

   _____

5. *Ihr wart im Urlaub und hattet viel Spaß.* _____

   _____

6. *Herr und Frau Braun waren auf Kur und hatten keine Zeit.* _____

   _____

H. Dieters Urlaub in Heidelberg. Schreib die Partizipien der folgenden Verben. (HINT: *Write down the past participles of the verbs listed below.*)

besichtigen	*besichtigt*
besuchen	*besucht*
betrachten	*betrachtet*
erleben	*erlebt*
machen	*gemacht*
spielen	*gespielt*
wohnen	*gewohnt*

I. Was hat Dieter gemacht? Suche die passenden Partizipien aus der Liste in der Aktivität G und setze sie in die Lücken unten ein. (HINT: *Choose the appropriate participles from the list in Activity G, and use them to fill in the blanks below.*)

Letztes Jahr hat Dieter seine Schwester in Heidelberg _____ *besucht* _____.[1] Er hat aber

nicht bei ihr übernachtet, sondern im Hotel _____ *gewohnt* _____.[2] In Heidelberg hat

Dieter viele interessante Sachen _____ *erlebt* _____.[3] Morgens hat er die Kunstwerke

im Kurpfälzischen Museum _____ *betrachtet* _____[4] und am Nachmittag hat er das

Heidelberger Schloss _____ *besichtigt* _____.[5] Abends hat er mit seiner Schwester ein

Picknick am Neckar _____ *gemacht* _____[6] oder mit ihr Tischtennis

_____ *gespielt* _____.[7]

J. In Heidelberg war viel los! Und was haben diese Leute in Heidelberg gemacht? Schreibe Sätze im Perfekt. (HINT: *And what did the following people do in Heidelberg? Write sentences in the present perfect tense.*)

1. ich / an der Universität Englisch / lernen

   Ich habe an der Universität Englisch gelernt.

   _____

2. du / in einem kleinen Restaurant / arbeiten

   Du hast in einem kleinen Restaurant gearbeitet.

   _____

3. wir / viele nette Leute / kennen

   Wir haben viele nette Leute gekannt.

   _____

4. ihr / das Zelt auf den Campingplatz / bringen

   Ihr habt das Zelt auf den Campingplatz gebracht.

   _____

AUSSPRACHE

More Consonant Combinations

A. The consonant combinations *kn, pf, zw, qu, tz, (t)zt, ng*. In German, every letter in these consonant combinations is pronounced.

Listen and repeat.

kn:
Kneipe
Knochen
Knie
Knopf
Knall
Knospe

pf:
Pfennig
Pferd
Pfeffer
Pfund
Pfeife
Pfosten

zw:
zwei
zwölf
zwanzig
zwischen
zwinkern
Zweig

qu (sounds like German **kw**):
Quick
Quark
Quatsch
Qualität
Quedlinburg
quasi

tz (sounds like **ts**):

Platz	setzen
Satz	sitzen

Notice this sound in the suffix **-tion** as well:

Tradition	international
Nation	Information

(t)zt:

Arzt	getanzt
besetzt	jetzt

ng (pronounced like the *ng* in the English *sing*):

> Übung
> Englisch
> Hunger
> singen

Satzbeispiele. Listen and repeat.

1. Ein **Pfund Pfeffer** kostet **zweiundzwanzig Pfennige.**
2. In der **Kneipe** gibt es **Knackwurst** oder **Knödel.**
3. **Quasi** alles in der „**Quick**" ist **Quatsch.**
4. **Zwölf** Ärzte haben mit **zwölf** Ärztinnen Walzer getanz**t.**
5. Fa**ngen** wir mit der Übu**ng** an, denn nach der Vorlesu**ng** haben wir eine Prüfu**ng** in E**ng**lisch.
6. Zu meinem En**ts**etzen ist dieser Pla**tz** bese**tzt.**

B. The Consonant *r*: Pronunciation Variations. The German **r** is vocalized and pronounced as a schwa (sounding like the English *uh*) when it follows a vowel at the end of a syllable or word.

Listen and repeat.

> Arm
> Karte
> dir
> Meer
> vorne
> dürfen
> Tier
> werden

Remember that the **r** is rolled or trilled at the beginning of a syllable or when followed by a vowel.

Listen and repeat.

> **R**eise
> **R**ose
> **R**asen
> **R**ücken
> hören
> fahren
> groß
> Kreidefelsen

Satzbeispiele. Listen and repeat.

1. Nimm die **r**oten **R**osen mit auf **R**eisen.
2. Ich fah**r**e mit di**r** ans Meer, wenn wi**r** nicht so **r**asen müssen.
3. Ich muss nach vorne **r**ücken, um besser zu hören.

EINBLICKE

•••

A. Hör mal zu! Auf Rügen fahren Marion und ihre Mutter mit dem „Rasenden Roland", einer Kleinbahn mit Dampflokomotive. Du hörst jetzt einen Text zum 100-jährigen Jubiläum dieser Bahn. Umkreise die Städte, die erwähnt werden. (HINT: *The "Rasender Roland" is a small steam railway on Rügen that recently celebrated its 100th anniversary. Listen to the description of the anniversary celebration, and circle the cities you hear on the map below.*)

B. Der Festzug. Hör noch einmal zu. An welchen Bahnhöfen gab es diese Aktivitäten? (HINT: *You will hear part of the text again. Listen and match the type of entertainment with the train station where it was offered.*)

	Binz	Sellin	Baabe	Göhren
Kinderliedtheater	✓			
Volkschor		✓		
Modenschau in historischer Kleidung			✓	
Silberbergmusikanten	✓			
Tanzgruppe „De Plattföt"				✓
Dixielandkonzert			✓	
Mönchguter Trachtengruppe				✓
Heimatfreunde Gingst		✓		
Plattdeutsch snakende [= sprechende] Gruppe				✓

C. Was kostet das? Die folgenden Personen/Gruppen machen Urlaub auf Rügen und wollen eine Fahrt mit dem Rasenden Roland machen. Was müssen sie zahlen? (HINT: *Using the price chart below, calculate what the various people listed below will have to pay to ride on Rasender Roland.*)

FAHRPREISE RASENDER ROLAND
von Putbus über Binz, Sellin, Baabe nach Göhren

Fahrkartentyp	Preis
Einzelfahrkarte	12,00 DM
Einzelfahrkarte ermäßigt*	6,00 DM
Familien (2 Erw., 3 Kinder)	24,00 DM
Fahrradkarte	3,50 DM
Gruppen (ab 15 Personen)	10,00 DM pro Person
Kindergruppen (ab 15 Personen)	4,50 DM pro Person
Wochenkarte	36,50 DM
Monatskarte	126,00 DM
Wochenkarte ermäßigt*	18,00 DM
Monatskarte ermäßigt*	63,00 DM

Alle Fahrkarten, außer Zeitkarten, gelten nur an dem jeweiligen Geltungstag. Die Fahrt kann beliebig unterbrochen werden.

*ermäßigte Fahrkarten erhalten: Kinder und Jugendliche vom 6. bis zum 14. Lebensjahr
                                          Hunde

Reisegruppen reservieren bis 48 Stunden vor der Fahrt.

Reisegruppen erhalten:
        ab 16 Personen eine Freikarte
        ab 17 Personen zwei Freikarten
        ab 34 Personen drei Freikarten
        ab 51 Personen vier Freikarten
        ab 71 Personen fünf Freikarten

Alle Angaben ohne Gewähr

---

1. ein junger Mann mit einem Fahrrad und einem Hund   *21,50 DM*

2. eine Mutter mit zwei Kindern unter 14 Jahren   *24,00 DM*

3. eine Gruppe von 15 Jugendlichen (12 Jahre alt) mit 15 Fahrrädern   *120,00 DM*

4. zwei Erwachsene   *24,00 DM*

5. ein Schüler, der eine Woche lang mit der Bahn fahren will   *18,00 DM*

PERSPEKTIVEN

••

Hör mal zu!

A. Urlaub. Hör zu, was Katrin, Judith, Mehmet und Boris über ihren Urlaub erzählen. Wer fährt wohin? Ergänze die fehlenden Informationen. (HINT: *Listen to the following people talk about their vacations, and fill in the missing words and phrases.*)

KATRIN: Im _____Urlaub_____[1] fahre ich gern in die Schweiz oder nach Österreich. Ich

_____wandere_____[2] gern. Ich besuche gern Städte, und ich bin einfach gern in den

Bergen.

JUDITH: Im Urlaub fahre ich nach Jamaika. Denn Jamaika ist so anders als _____Deutschland_____[3]

Die Menschen sind sehr aufgeschlossen, das Wetter ist ganz anders, es ist so

_____heiß_____[4] Die Palmen sind sehr schön und vor allen Dingen, die

_____Musik_____[5] Ich liebe Reggae.

MEHMET: Ich mache Urlaub am _____liebsten_____[6] in der Türkei, denn ich kann erstens da alte

Freunde besuchen, ich kann mit ihnen _____ausgehen_____[7] und immer wieder mal die

Freude mit ihnen teilen. Auch touristisch gesehen bietet die Türkei sehr Attraktives. Ob das

jetzt die Großstadt Istanbul ist zum _____Einkaufen_____[8] oder die Sandstrände und tolle

Hotels und allinklusive Clubs, das ist schon sehr sehr interessant.

BORIS: Im Urlaub fahre ich gerne nach Italien, nach Rom. Ich schaue mir etwas die

_____Stadt_____[9] an, und dann _____fahre_____[10] ich von Rom aus gerne ans

Meer, oder durch Italien, weil ich das _____Essen_____[11] mag. Ich mag die Leute, ich

mag die Architektur, ich mag die kulturellen Ereignisse und _____Feste_____,[12] die

dort stattfinden.

B. Hast du verstanden? Beantworte die Fragen, die du hörst. (HINT: *Answer the questions you hear.*)

Du hörst: Wo gibt es Palmen? In Jamaika oder in der Schweiz?
Du liest: In . . . gibt es Palmen.
Du sagst: In Jamaika gibt es Palmen.
Du hörst: In Jamaika gibt es Palmen.

1. . . . ist gern in den Bergen.
2. In . . . ist es heiß.
3. In . . . gibt es Reggae.
4. . . . hat alte Freunde in der Türkei.
5. . . . ist in der Türkei.
6. In der . . . gibt es Sandstrände.
7. . . . spricht von kulturellen Ereignissen.
8. Boris geht gern in . . . essen.

Lies mal!

Gefährliche Sturmfluten im Norden Deutschlands

Die kalte Jahreszeit ist die Zeit, in der Stürme aus dem Nordwesten am häufigsten auftreten. Sie können bei hinreichender Stärke und Dauer so viel Wasser gegen die Küste drücken, dass es zu einer Sturmflut kommt. Werden dann von dem tosenden Wasser die Deiche zerstört, so kann es zu einer Katastrophe kommen, wie am 16. Februar 1962, als 335 Menschen an der Nordseeküste ihr Leben verloren, 72.000 Hektar Land überflutet wurden und 7.000 Stück Vieh ertranken. Auch 1972 und 1976 waren schwere Sturmflutjahre. Nur modernste Deiche, Schleusen und Schutzwerke können die norddeutsche Küste schützen. Große Geldsummen sind notwendig, um diese Anlagen ständig instand zu halten und zu verbessern.

This text has been excerpted and slightly modified from the web site
ascc.artsci.wustl.edu/~langproj/gslides/climate/dclimate/gklima9.html, by Dr. Jürgen Hagel, of the Geographical
Institute of the University of Stuttgart.

Wortschatz zum Text

die Sturmflut	*tsunami (tidal wave)*	das Vieh	*livestock*
tosen	*to rage*	die Schleuse	*floodgate*
der Deich	*dike*	die Anlage	*facility*
zerstören	*to destroy*	instand halten	*to maintain; to service*

Hier einige der großen Sturmfluten der Geschichte:

1164: 17. Februar: Das ist eine der ersten registrierten Sturmfluten an der Nordseeküste.

1277: Bei einer Sturmflut zu Weihnachten werden etwa 50 Dörfer an der Nordseeküste zerstört.

1362: Vom 15. bis zum 17. Januar große Landverluste bei Sturmfluten an der Nordseeküste; etwa 7.600 Tote.

1570: Die Allerheiligenflut (1. November) zerstört Deiche an der ganzen Küste von Holland bis Jütland.

1634: Die Sturmflut des 19. Oktober zerstört die Insel Nordstrand. Etwa 9.000 Menschen finden den Tod.

1717: Bei einer großen Sturmflut zu Weihnachten an der ostfriesischen Küste werden etwa 8.500 Menschen getötet.

1953: Am 31. Januar und 1. Februar überschwemmen große Sturmfluten die Küstengebiete der Nordsee. An der englischen Ostküste sterben etwa 600 Menschen, in den Niederlanden gibt es etwa 1.800 Tote.

1962: Die Sturmfluten vom 16. und 17. Februar an der Nordseeküste treffen Hamburg besonders hart. Weitere große Wassermassen überschwemmen die nordeuropäischen Küsten am 31. Dezember: In der Bundesrepublik Deutschland allein über 300 Tote.

1976: Am 3. und 4. Januar verursacht der Orkan „Capella" große Sturmfluten, die in Nordwesteuropa erhebliche Schäden anrichten. Es gibt 82 Todesopfer, davon 16 in der Bundesrepublik.

C. Zum Text. Welche Ausdrücke passen zusammen? (HINT: *Match the expressions on the left with the explanations on the right.*)

1. _e_ häufig
2. _j_ tosen
3. _a_ der Deich
4. _h_ Katastrophe
5. _b_ verlieren
6. _g_ überflutet
7. _i_ ein Hektar
8. _c_ ertrinken
9. _f_ die Schleuse
10. _d_ instand halten

a. künstlicher Damm, der einen Fluss oder die See aufhalten soll
b. etwas nicht mehr haben
c. im Wasser untergehen und sterben
d. kontrollieren und immer wieder reparieren
e. sehr oft
f. eine Anlage, die den Wasserstand reguliert
g. unter Wasser stehen
h. ein großes Unglück
i. zehntausend Quadratmeter
j. wild und laut sein

D. Ach, diese Sturmfluten! Finde die richtigen Informationen aus dem Text. Manchmal sind mehrere Antworten richtig. (HINT: *Choose the correct response or completion for each item below. In some cases more than one answer may be possible.*)

1. Wann gibt es die meisten Sturmfluten?

    a. ____ im Sommer

    b. ✓ im Winter

2. Wenn es an der Küste zu einer Sturmflut kommt, . . .

    a. ✓ kann es die Deiche an der Küste zerstören.

    b. ____ gibt es an der Küste immer große Katastrophen.

    c. ✓ kann es an der Küste große Katastrophen geben.

3. Eine der größten Sturmfluten, im Jahre 1634, . . .

    a. ____ gab es an der englischen Ostküste.

    b. ✓ zerstörte die ganze Nordseeinsel Nordstrand.

    c. ____ war die erste registrierte Sturmflut an der Nordseeküste.

4. Zum Schutz braucht die Küste . . .

    a. ✓ moderne Deiche, Schleusen und Schutzwerke.

    b. ✓ gute Instandhaltung und Verbesserung der Anlagen.

    c. ____ 72000 Hektar Land.

Schreib mal!

E. Urlaub an der Nordsee. Du machst einen Abenteuerurlaub an der Nordsee. Schreib deinen Freunden zu Hause einen Brief. Wie bist du an die Nordsee gefahren? Wo wohnst du? Was machst du? (HINT: *You're on an adventure vacation in the North Sea. Write a letter to your friends at home, telling them how you got to the North Sea, where you're staying, and what you're doing.*)

Answers will vary.

_____

_____

_____

_____

_____

_____

_____

_____

_____

_____

F. Wieder zu Hause. Du bist wieder zu Hause und erzählst von den Sturmfluten. Schreib einen kurzen Bericht für deine Schulzeitung, deine Unizeitung, oder deine Lokalzeitung. Erkläre ihnen: Was sind Sturmfluten? Wann gibt es sie? Was kann passieren? Was tun die Bewohner? (HINT: *You're home again. Tell about the tsunamis. Write a short report for your school newspaper, college newspaper, or local paper. Explain what tsunamis are, when they occur, what can happen during them, and what people do when they occur.*)

Answers will vary.

_____

_____

_____

_____

_____

_____

_____

_____

_____

Name _____

Datum _____

Klasse _____

9 ABENTEUER UND LIEBE

VIDEOTHEK

• •

 A. Marion ist verschwunden. Was ist richtig? (HINT: *Listen to the summary of Marion's adventure, and mark the correct answers for the story.*)

1. Marion ist mit __c__ unterwegs.
   a. Rüdiger
   b. Lars
   c. Michael

2. Sie sind __b__ gegangen.
   a. essen
   b. segeln
   c. tanzen

3. Warum kommen sie nicht zurück? __b__
   a. Es ist dunkel, sie können nichts sehen.
   b. Es gibt keinen Wind.
   c. Es hat angefangen zu regnen.

4. Wer sucht die beiden? __a__
   a. Herr Klier und Michaels Vater.
   b. Marions Vater.
   c. Der Professor.

B. Wer sagt was? Hör genau zu und kreuze an, wer was sagt. Du hörst die Aussagen zweimal. (HINT: *Listen closely and mark the speakers of each statement. The speakers are already in the correct order. You will hear the statements twice.*)

1. __d__ Daniela

2. __c__ Iris

3. __e__ Dirk

4. __a__ Anett

5. __f__ Erika

6. __b__ Grace

a. Ich finde es sehr gut, dass Marion in Rheinhausen geblieben ist und bei Familie Mertens wohnt.
b. Marion scheint sich mit irgendetwas zu beschäftigen.
c. Marion erinnert mich an mich selbst, als ich jünger war.
d. Marion gefällt mir, weil sie jung ist und dynamisch.
e. Sie ist wirklich sehr hübsch.
f. Ihre Familie ist wichtig, aber ihre Freunde sind ihr auch sehr wichtig.

VOKABELN

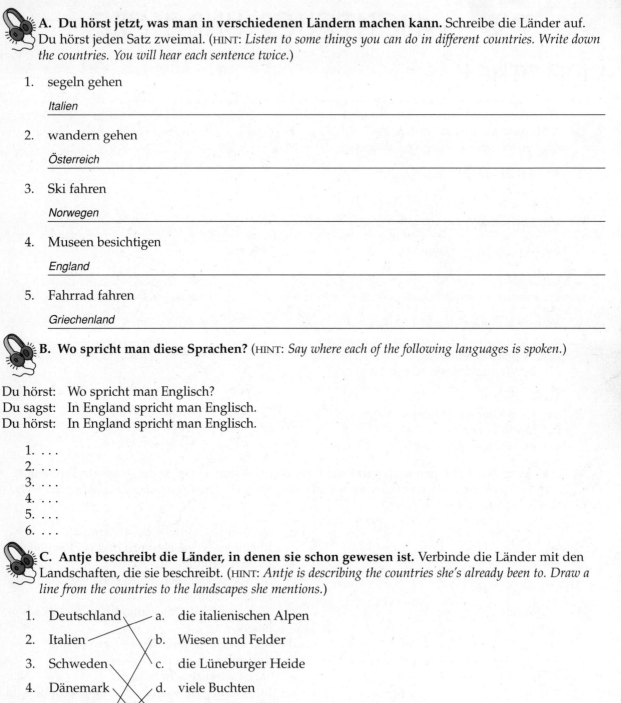

A. Du hörst jetzt, was man in verschiedenen Ländern machen kann. Schreibe die Länder auf. Du hörst jeden Satz zweimal. (HINT: *Listen to some things you can do in different countries. Write down the countries. You will hear each sentence twice.*)

1. segeln gehen

   Italien

2. wandern gehen

   Österreich

3. Ski fahren

   Norwegen

4. Museen besichtigen

   England

5. Fahrrad fahren

   Griechenland

B. Wo spricht man diese Sprachen? (HINT: *Say where each of the following languages is spoken.*)

Du hörst: Wo spricht man Englisch?
Du sagst: In England spricht man Englisch.
Du hörst: In England spricht man Englisch.

   1. . . .
   2. . . .
   3. . . .
   4. . . .
   5. . . .
   6. . . .

C. Antje beschreibt die Länder, in denen sie schon gewesen ist. Verbinde die Länder mit den Landschaften, die sie beschreibt. (HINT: *Antje is describing the countries she's already been to. Draw a line from the countries to the landscapes she mentions.*)

1. Deutschland   a. die italienischen Alpen

2. Italien   b. Wiesen und Felder

3. Schweden   c. die Lüneburger Heide

4. Dänemark   d. viele Buchten

5. Frankreich   e. ein großes Gebirge

6. Insel Pöhl   f. die Hügel

D. Stell dir vor, wie diese Länder sind. Ordne die Länder den Sätzen zu. (HINT: *What does one usually say about the following countries? Match the countries to the sentences.*)

England
Island
Spanien
Irland

1. Es ist immer kalt.   *Island*

2. Dieses Land ist sehr grün.   *Irland*

3. Dort gibt es oft Nebel.   *England*

4. Dort scheint meistens die Sonne.   *Spanien*

E. Welche Länder grenzen an Deutschland? Nenne mindestens sechs Länder. Wenn du kannst, trage sie auch in die Karte ein. (HINT: *Name at least six countries that share a border with Germany. If you can, add their names to the map as well.*)

Deutschland

1.   Answers will vary. They should include six of the following: *Belgien, Dänemark, Frankreich, Luxemburg,*

2.   *Niederlande, Österreich, Polen, Schweiz, Tschechien*

3. _____

4. _____

5. _____

6. _____

F. Gegensätze. Wie heißen die Gegensätze? Schreibe sie auf. (HINT: *Write down the names of the contrasting landscapes shown in each pair of pictures.*)

1. _____das Feld_ oder _die Wiese_____

   _____der Wald_____

2. _____der Berg_____

   _____das Tal_____

3. _____das Gebirge_____

   _____das Meer_____

G. In welche drei Länder würdest du am liebsten fahren? Mach eine Liste und begründe deine Wahl. (HINT: *Which three countries would you like to visit most? Make a list and give a reason for each choice.*)

Land	Grund
1. Answers will vary.	
2.	
3.	

H. Das Abenteuerpicknick. Schreibe eine Geschichte in zehn Sätzen über ein Abenteuerpicknick. Lass dir etwas einfallen. (HINT: *Write a story in ten sentences about an eventful picnic. Use your imagination. Use as many as possible of the verbs given here.*)

Answers will vary. _____

_____

_____

_____

_____

_____

fahren   suchen
essen   nehmen
    finden
schlafen   passieren
    vergessen
sehen   unternehmen

STRUKTUREN

•••

 A. Urlaub in Österreich. Herr Wiedemann erzählt über seinen Urlaub in Österreich. Hör zu und kreuze an, welches Hilfsverb zu welchem Partizip passt. (HINT: *Listen to Herr Wiedemann telling about his vacation in Austria. Check off whether* **haben** *or* **sein** *is used with the participles.*)

	haben	**sein**	**Partizip**
1.		✓	gereist
2.		✓	gefahren
3.	✓		gesehen
4.		✓	aufgestanden
5.		✓	geblieben
6.	✓		geschrieben

 B. Wer hat gestern was gemacht? Benutze die Informationen in der Tabelle und beantworte die Fragen. (HINT: *What happened yesterday? Based on the information in the table below, answer the questions that you will hear.*)

Du hörst: Was hat Natascha gestern gemacht?
Du sagst: Sie hat Zeitung gelesen.
Du hörst: Sie hat Zeitung gelesen.

	Wer?	**Was?**
MODELL:	Natascha	Zeitung gelesen
1.	Carlo und Maria	einen Film gesehen
2.	ich	im Bett geblieben
3.	ihr	im Wald gezeltet
4.	du	einen Brief geschrieben
5.	wir	im Park gelaufen

C. Was haben diese Leute in Österreich gemacht? Ergänze die Tabelle. (HINT: *What did these people do in Austria? Complete the table below.*)

Herr Braun	Daniela	Ali
ich habe viele Bücher gelesen	ich _____*habe*_____ _____*gezeltet*_____	ich _____*habe*_____ Burgen und Schlösser _____*gesehen*_____
ich _____*bin*_____ durch den Wald _____*gelaufen*_____	wir _____*haben*_____ viel _____*unternommen*_____	ich _____*bin*_____ oft Fahrrad _____*gefahren*_____
ich _____*habe*_____ österreichische Spezialitäten _____*gegessen*_____	wir _____*haben*_____ Tennis _____*gespielt*_____	ich _____*bin*_____ in der gemütlichen Pension _____*geblieben*_____

D. Ausreden. Sag, warum diese Leute gestern Abend nicht ins Theater gehen konnten. (HINT: *Say why the following people couldn't go to the theater last night.*)

Du hörst: Warum konnte Professor Vogel nicht ins Theater gehen?
Du liest: Professor Vogel: müssen / zwei Bücher von Freud lesen
Du sagst: Er musste zwei Bücher von Freud lesen.
Du hörst: Er musste zwei Bücher von Freud lesen.

1. Frau Reimann: können / die Theaterkarte nicht finden
2. ich: dürfen / nicht aus dem Haus gehen
3. Herr und Frau Gnuzel: wollen / lieber ins Kino gehen
4. Herr Unterhuber: müssen / den ganzen Abend mit seiner Großmutter sprechen

E. Birgits Reise nach Wien. Hör zu und ergänze die Lücken. Du hörst die Erzählung zweimal. (HINT: *Listen to Birgit telling about her family's trip to Vienna, and fill in the blanks. You will hear Birgit's story twice.*)

Letztes Jahr _____*sind*_____[1] wir nach Wien _____*gefahren*_____.[2] Ich _____*wollte*_____[3] mit dem Auto fahren, aber das Auto war kaputt, und wir _____*mussten*_____[4] mit dem Zug fahren. Wir _____*konnten*_____[5] kein Hotel finden, aber dann _____*haben*_____[6] wir eine kleine Pension in der Stadtmitte _____*gefunden*_____.[7] Meine Mutter _____*musste*_____[8] immer früh aufstehen, denn sie _____*wollte*_____[9] die vielen Kunstwerke betrachten. Sie _____*ist*_____[10] zwei Tage lang durch die Altstadt _____*gelaufen*_____[11] und _____*hat*_____[12] sehr viele interessante Sachen _____*gesehen*_____.[13] Nachmittags _____*haben*_____[14] wir in einem Kaffeehaus Kuchen _____*gegessen*_____[15] und Zeitung _____*gelesen*_____.[16] Am Abend _____*sind*_____[17] wir in ein typisches Wiener Restaurant _____*gegangen*_____[18] und _____*durften*_____[19] natürlich Wiener Schnitzel und Rostbraten essen. Es hat uns so gut gefallen, wir _____*wollten*_____[20] gar nicht mehr nach Hause.

F. Matthias' langer Tag. Ergänze die Lücken mit den passenden Perfektformen. (HINT: *Complete the story about Matthias's day with the appropriate present perfect forms.*)

1.
2.
3.
4.

5.
6.
7.
8.

Gestern Morgen _____ist_____ [1] Matthias um 7 Uhr _____aufgestanden_____ [2] Dann

_____hat_____ [3] er die Zeitung _____gelesen_____ [4] Um 9 Uhr

_____hat_____ [5] er seine Freundin Gabi _____angerufen_____ [6] Danach

_____hat_____ [7] er einen Brief an seine Eltern _____geschrieben_____ [8] Um 12 Uhr

_____ist_____ [9] seine Tante Anni mit einem Kuchen _____gekommen_____ [10]

Nachmittags _____ist_____ [11] Matthias im Park _____gelaufen_____ [12] Abends

_____hat_____ [13] er mit seinen Freunden im Kino einen Film _____gesehen_____ [14]

Um 12 Uhr _____ist_____ [15] Matthias mit dem Bus nach Hause _____gefahren_____ [16]

G. Die Kindheit. Was haben diese Leute als Kinder gemacht? Schreibe Sätze im Imperfekt. Verwende die Informationen aus der Tabelle. (HINT: *What did the following people do in their childhood? Use the information in the table, and write sentences in the simple past.*)

ich	früh aufstehen	müssen
Herr und Frau Pfleger	viel Obst und Gemüse essen	müssen
wir	nicht lesen	können
ihr	abends nicht schlafen	wollen

1. *Ich musste früh aufstehen.*

2. *Herr und Frau Pfleger mussten viel Obst und Gemüse essen.*

3. *Wir konnten nicht lesen.*

4. *Ihr wolltet abends nicht schlafen.*

H. Und deine Kindheit? Beantworte die Fragen mit ganzen Sätzen. (HINT: *Answer the questions about your childhood with complete sentences.*)

1. Was konntest du machen?

   Answers will vary.

2. Was durftest du nicht machen?

3. Was musstest du machen?

4. Was wolltest du machen?

5. Was solltest du machen?

I. Marco beim „Art Fest Open Air". Schreib diese Sätze im Perfekt. (HINT: *Rewrite each sentence in the present perfect tense.*)

1. Am Dienstag lädt Marco seine Freunde zum Open-Air-Fantasy-Musical ein.

   Am Dienstag hat Marco seine Freunde zum Open-Air-Fantasy-Musical eingeladen.

2. Am Mittwoch schläft Marco lange.

   Am Mittwoch hat Marco lange geschlafen.

3. Abends geht er in die Oper. Er sieht „Aida".

   Abends ist er in die Oper gegangen. Er hat „Aida" gesehen.

4. Marcos Eltern kommen auch mit.

   Marcos Eltern sind auch mitgekommen.

5. Die Eltern finden „Aida" toll.

   Die Eltern haben „Aida" toll gefunden.

6. Sie geben Marco eine Karte für das Boléro-Maazel-Beethoven-Fest.

   Sie haben Marco eine Karte für das Boléro-Maazel-Beethoven-Fest gegeben.

7. Aber am Donnerstag wird Marco krank und bleibt zu Hause.

   Aber am Donnerstag ist Marco krank geworden und (ist) zu Hause geblieben.

AUSSPRACHE

• •

A. Unstressed *e* and *er*. In unstressed syllables the vowels **a, i, o,** and **u** retain their basic sound quality, but the vowel **e** becomes weak and is pronounced as a schwa. (English vowels also have this tendency in unstressed syllables.)

Listen and repeat.

> Aug**e**
> Nas**e**
> Tisch**e**
> Stühl**e**
> müd**e**
> gut**e**

The **er** combination in unstressed prefixes such as **er, ver,** and **zer** is pronounced as **e** plus schwa.

Listen and repeat.

> **er**holen
> **er**kälten
> **er**finden
> **ver**lieren
> **zer**fallen
> **Zer**tifikat

B. The contrast *s, ß, z, tz*. As you have learned, the consonant **s** is pronounced like English *z* when it appears before a vowel or between two vowels. At the end of a word or when doubled, it is pronounced like English *s*. The consonant **z** and the consonant combination **tz** are pronounced like the *ts* in *nuts* or the *zz* in *pizza*.

Listen and repeat.

> rei**s**en
> la**s**en
> Mu**s**e
> hei**s**er
> rei**ß**en
> la**ss**en
> mu**ss**te
> hei**ß**er
> rei**z**en
> La**tz**
> Mü**tz**e
> hei**z**en

Listen carefully and check off which word you hear. You will hear each word twice.

1.	heißen	☑	heizen	☐
2.	Rose	☑	Rosse	☐
3.	Kasse	☐	Katze	☑
4.	müssen	☑	Mützen	☐
5.	Rasen	☑	Rassen	☐

C. Final *b, d, g*. When the consonants **b, d,** and **g** appear at the end of a word or syllable, they are pronounced as **p, t,** and **k,** respectively.

Listen and repeat.

hab
Stab
Stübchen
Hand
Sud
Mädchen
mag
leg
täglich

D. Review: The Consonant *r* and Consonant Combinations with *r*. Remember to roll or trill the German **r**.

Listen and repeat.

Rasen
rechts
Ring
Rose
rufen
Römer
Rücken
Reise
Raum
Räuber

groß
grün
Kraft
Krug
braten
Preis
fragen
Freund
Straße
Sprache

Satzbeispiele. Listen and repeat.

1. Frau Rogler reist zu den Kreidefelsen nach Rügen.
2. Der Preis ist drei Mark dreiunddreißig.
3. Fragen Sie nach der Ringstraße, dort ist die große Römerstatue.
4. Rosen sind rot, nicht grün oder grau.

EINBLICKE

• •

A. Hör zu! Ein Taucher erzählt von seiner Arbeit in der Ostsee, um Rügen herum. Umkreise für jeden Satz den Ausdruck, der den Satz richtig beendet. (HINT: *A diver tells of efforts to explore some of the many shipwrecks that surround the coast of Rügen. Listen to his description, and then circle the correct completion for each of the sentences that follow.*)

Zuerst hörst du ein paar neue Wörter.

tauchen	*to dive*	an Ort und Stelle	*in its place*
erforschen	*to explore*	vermutlich	*most likely*
das Kriegsschiff	*war ship*		

Wie ist es richtig?

1. Die Taucher arbeiten für (das Land Mecklenburg-Vorpommern / Rügen).

2. Jedes neue Wrack ist (gleich / aufregend).

3. Die Taucher (lassen alles auf dem Meeresboden / bringen alles in ein Museum).

4. Das Wrack „Arkona" ist aus dem (7. / 17.) Jahrhundert.

5. Es war ein (Passagierschiff / Kriegsschiff).

6. „Mukran" ist aus dem Krieg zwischen Schweden und (Dänemark / Deutschland).

7. „Mukran" ist ein (dänisches / schwedisches) Schiff.

The passage you hear on the tapescript is excerpted and modified from the Web site
http://www.abc.se/~m10354/mar/rostock/wracks.htm

B. Hast du verstanden? Du hörst einen Teil der Erzählung noch einmal. Ergänze die Zahlen, die fehlen. (HINT: *You will hear part of the passage again. Fill in the blanks as you listen.*)

1. Das Wrack „Mukran" liegt rund _____200_____

   Meter vor dem Hafen von Mukran.

2. Der Dreikronenkrieg dauerte von _____1563_____

   bis _____1570_____.

3. Schwedens König Erich wollte nicht akzeptieren,

   dass der dänische König _____3_____ Kronen

   in seinem Wappen führte.

4. Im Mai _____1565_____ trafen vor Rügen

   _____50_____ schwedische Schiffe auf

   _____9_____ dänische.

3
9
50
200
1563
1565
1570

C. Die Hansekogge. Seit 1996 arbeitet man in Bremen an der Nachbildung einer Hansekogge. Bis zum Jahr 2000 soll das Schiff fertig sein. Im Jahr 1998 gibt es folgende Termine und Aktivitäten. Beantworte die Fragen. (HINT: *Since 1996 people have been working on a reproduction of one of the old **Hansekogge** trading ships. Answer the questions about the dates and activities planned for 1998.*)

Answers may vary in format

Termine und Aktivitäten rund um die Hansekogge

3. Mai 1998, 14.30 Uhr   **Über die Weser zur Kogge-Werft**
                               Besichtigung und Führung

5.–7. Juni 1998   *Hafenfest*
                               Bremer Hansekogge, Weserkahn und Dampfboot

7. Juni 1998, 13.00 Uhr   **Mittelalterliches Kogge-Fest**
                               Buntes Festprogramm auf der Werft
                               mit Musik, Essen und Trinken
                               Info-Stände, Kinderprogramm,
                               Galionsfigurenschnitzer, Schmiedekunst,
                               Segelfahrten auf der Weser

5. Sept. 1998, 11.00 Uhr   **Kapitänsfrühstück**
                               Fotodokumentation

7.–11. September 1998   *Maritime Woche–Bremen*
                               Führungen zum Thema Bremer Hansekogge

---

1. Wann ist das Hafenfest in Bremen? <u>vom 5. bis zum 7. Juni 1998</u>

2. Wann kann man Fotos vom Bau der Hansekogge sehen? <u>am 5. September 1998</u>

3. Wann ist die Maritime Woche in Bremen? <u>vom 7. bis zum 11. September 1998</u>

4. Wann kann man die Kogge besichtigen? <u>am 3. Mai 1998</u>

5. Was kann man beim Mittelalterlichen Kogge-Fest in Bremen tun?

		JA	NEIN				JA	NEIN
a.	Musik hören	✓	☐	e.	Kinder bringen		✓	☐
b.	zelten	☐	✓	f.	Tennis spielen		☐	✓
c.	essen	✓	☐	g.	angeln		☐	✓
d.	trinken	✓	☐	h.	segeln		✓	☐

PERSPEKTIVEN

Hör mal zu!

A. Ferienpläne. Du hörst Informationen über vier Ferienorte. Was fehlt? Du hörst alles zweimal. (HINT: *You will hear descriptions of four vacation destinations. Complete the passages with the missing words. You will hear everything twice.*)

1. Im idyllischen _____*Schloss*_____[1] Buldern bei Münster wird von einem Jugendreiseveranstalter während der Schulferien ein Internat für Feriencamps gemietet. Für die Kids ab _____*zehn*_____[2] werden Sport- und Computerkurse angeboten, sowie eine Fülle von Aktivitäten wie Airbrushing, Basteln, Pizzabacken, _____*Baseball*_____[3] Bumerangwerfen oder Verkleidungspartys. Pro _____*Woche*_____[4] gibt es mehr als 30 verschiedene Angebote.

2. In Orlik in Tschechien gibt es ein Ferien- und Touristikcamp. Für _____*Kinder*_____[5] und Jugendliche von 14–18 Jahren gibt es Badespaß im See, _____*Tischtennis*_____,[6] Lagerfeuer, Sport und Spiel im Wald, Nachtwanderungen und Diskotheken. Die Teilnehmer wohnen in Bungalows mit _____*Dusche*_____[7] und WC. Vollverpflegung ist inklusive.

Tischtennis

3. Das Walsertal in Österreich ist nicht nur ein Paradies für Bergwanderer, auch Wasserratten _____*können*_____[8] sich hier wohl fühlen. Im Freibad und in den 25 Hallenbädern—zum Teil mit Gegenschwimmanlagen, Solarien und Massageräumen—_____*kann*_____[9] man sich das ganze Jahr über erholen. Natürlich gibt es auch _____*Saunas*_____,[10] Kegelbahnen, einen Reitstall und zwei Trimm-Dich-Pfade.

Massage

4. Jugendliche bis zwanzig können zusammen mit Katja im Paddelboot die _____*Natur*_____[11] Polens entdecken. Teilnehmer paddeln in stabilen Zweierkajaks durch den Wigierski Nationalpark und übernachten auf Campingplätzen. Tagesetappen sind etwa 20 bis 25 km lang und nicht sehr strapaziös. Nachmittags gibt es genug Zeit für Städteerkundungen, Wanderungen und lange _____*Abende*_____[12] am Lagerfeuer. Eine City-Tour durch die Altstadt von Warschau rundet das Programm ab.

B. Buldern, Orlik, das Walsertal und Warschau. Beantworte die Fragen zu den Ferienangeboten. (HINT: *Answer the questions about the vacation packages.*)

1. (Ein Bergwanderer / Eine Wasserratte) geht gern schwimmen.
2. (Bumerangwerfen / Autos produzieren) macht in einem Feriencamp Spaß.
3. (Jugendliche von vierzehn bis achtzehn Jahren / kleine Kinder von vier bis acht Jahren) haben Nachtwanderungen und Diskotheken gern.
4. Eine City-Tour macht man (durch die Altstadt von Warschau / auf Campingplätzen im Nationalpark).

Lies mal!

This is a challenging text. Don't worry. The exercises that follow it will help you to understand.

Ein Meer von Wracks

Die Ostsee ist das wrackhaltigste Meer, und die meisten Schiffsreste liegen vor Rügen. Dies wird klar bei einem Blick unter den Meeresspiegel. Auf dem Sandboden sehen wir eine bizarre Ruinenlandschaft: Koggen, Kutter und Kanonenboote, Schuten, Schoner und Schaluppen, von Muscheln und Algen überwuchert, grünlich fluoreszierend, bräunlich-schwarz dahinrottend, aus allen erdenklichen Jahrhunderten und aus Hunderten von Seegefechten, umgeben von nicht mehr ganz runden Kanonenkugeln, abgerissenen Ankern und umgestürzten Masten. Die vielen Untiefen vor den Kreidefelsen an der Nordspitze Rügens und der gefürchtete Nordost waren in vielen Jahrhunderten einer Unzahl von Seglern zum Verhängnis geworden. 2000 gesunkene Schiffe werden vor der gesamten Küste Mecklenburg-Vorpommerns innerhalb der Zwölfmeilenzone vermutet. Etwa 150 historische Wracks liegen im Abstand von nur ein oder zwei Kilometern rund um Rügen. Sie sind gut erhalten, denn die Ostsee, das einstige Mare Balticum, mit ihrem geringen Salzgehalt ist nicht ideal für Bohrwürmer, die hölzernen Wracks in anderen Meeren den Rest geben.

Die prominentesten unter den Ostseewracks sind von einem Netz von unzähligen Gerüchten, Skandalen und Fragen umgeben:

• Hatte die Fähre „Estonia" von der russischen Mafia mit Rauschgift vollgestopfte Lastwagen an Bord?
• Hatte das deutsche U-Boot „U534" in den letzten Kriegstagen geheime Nazi-Dokumente, einen Schatz, Martin Bormann auf der Flucht nach Südamerika oder alles drei an Bord?
• Liegt irgendwo dort draußen der US-Klipper „Orkney", der im Jahre 1867 auf der Fahrt nach St. Petersburg sank? Mit 7,2 Millionen Dollar im Schiffstresor, jenen „Peanuts", mit denen die USA Alaska von Russland gekauft hatten?

Das Denkmalschutzgesetz des Landes verbietet—bei Geldbußen bis zu 300.000 Mark—nicht nur, Hand an die Schiffsruinen zu legen, sondern alle Nachforschungen vor Ort. Alles, was nur irgendwie nach Wrack aussieht, gehört dem Staat, keineswegs dem, der es findet. Wer es dennoch nicht unterlassen kann, Wracks zu plündern, muss wissen, dass seine Freude am Gefundenen begrenzt sein wird. Ob es sich um metallene Säbel, steinerne Schüsseln oder hölzerne Steuerräder handelt: Kommt es an die frische Luft und wird es nicht umgehend fachmännisch konserviert, zerbröselt es oftmals schneller, als der Platz in der Vitrine dafür freigeräumt ist.

This text is excerpted and modified from Wochenpost, *Ausgabe 30/96, via* www.abc.se/~m10354/mar/rostock/wracks.htm

Wortschatz zum Text

das Wrack	*wreck*	der Schatz	*treasure*
die Muschel	*(sea)shell*	unterlassen	*to abstain from*
das Gefecht	*battle*	der Säbel	*saber*
das Gerücht	*rumor*	das Steuerrad	*steering wheel*
das Rauschgift	*drug*	umgehend	*immediately*
vollgestopft	*stuffed*	zerbröseln	*to crumble*

C. Die bizarre Ruinenlandschaft. Der dritte Satz im Text ist lang, aber nicht so schwierig. Was bedeutet er? (HINT: *The third sentence in the reading is very long, but you can take it apart and understand its different parts. Connect the parts of the sentence with their approximate meanings.*)

1. Auf dem Sandboden sehen wir eine bizarre Ruinenlandschaft:
2. Koggen, Kutter und Kanonenboote,
3. Schuten, Schoner und Schaluppen,
4. von Muscheln und Algen überwuchert,
5. grünlich fluoreszierend,
6. bräunlich-schwarz dahinrottend,
7. aus allen erdenklichen Jahrhunderten
8. und aus Hunderten von Seegefechten,
9. umgeben von nicht mehr ganz runden Kanonenkugeln, abgerissenen Ankern und umgestürzten Masten.

a. __2__ Das sind alles Schiffe, die mit „K" anfangen.

b. __3__ Das sind Schiffe, die mit „Sch" anfangen.

c. __4__ Die kleinen Pflanzen und Tiere unter dem Wasser wachsen wild auf den kaputten Schiffen.

d. __6__ Die Schiffe verrotten. Sie werden braun und schwarz.

e. __5__ Die Schiffe unter dem Wasser schimmern und strahlen. Sie sehen grün aus.

f. __7__ Die Schiffe, die da liegen, sind zu ganz verschiedenen Zeiten gebaut. Sie sind auch zu ganz verschiedenen Zeiten gesunken.

g. __9__ Die Schiffsmasten sind kaputt und liegen neben den Schiffen. Die Schiffsanker liegen auch neben den Schiffen. Die Kugeln aus den Kanonen liegen auch neben den Schiffen und sind nicht mehr ganz rund.

h. __8__ Es gibt Schiffe unter dem Wasser, die in vielen Kriegen und Kämpfen gesunken sind.

i. __1__ Im Sand unter dem Wasser sind kaputte Schiffe. Sie sehen komisch aus.

D. Zum Text. Was bedeuten diese Ausdrücke? Finde die richtige Erklärung. (HINT: *Use context to help you choose the best equivalent for the following phrases from the reading.*)

1. __b__ „das wrackhaltigste Meer"
   a. ein Meer mit vielen Schiffen und Segelbooten
   b. ein Meer mit sehr vielen gesunkenen Schiffen

2. __b__ „der Meeresspiegel"
   a. ein blauer Badezimmerspiegel
   b. die Oberfläche des Wassers

3. __b__ „die Untiefen vor den Kreidefelsen"
   a. das sehr tiefe Meer vor den Kreidefelsen
   b. die vielen flachen Stellen im Meer vor den Kreidefelsen

4. __b__ „der gefürchtete Nordost"
   a. ein gefährlicher Mann aus dem Nordosten
   b. ein gefährlicher Wind aus dem Nordosten

5. __a__ „ist den Seglern zum Verhängnis geworden"
   a. dadurch ist den Seglern etwas Schlimmes passiert
   b. die Segler haben etwas Schlimmes getan

6. __a__ „ein Netz von Gerüchten"
   a. viele verschiedene Aussagen—man weiß nicht, welche wahr sind
   b. man hat sehr viel über dieses Fischernetz gesagt

7. __a__ „Geldbußen bis zu 300.000 Mark"
   a. man muss bis zu 300.000 Mark Strafe zahlen
   b. man bekommt dafür bis zu 300.000 Mark

8. __b__ „Wracks plündern"
   a. Sachen von einem Wrack retten, die sonst kaputt gehen
   b. Sachen von einem Wrack stehlen

9. __a__ „Kommt es an die frische Luft [. . .] zerbröselt es"
   a. wenn es aus dem Wasser gebracht wird, dann zerfällt es in tausend kleine Stücke
   b. man muss es in kleinen Stücken an die Luft bringen

E. Spaß mit langen Ausdrücken. Sie sind ganz einfach zu verstehen! Welche Komponenten erkennst du? Verstehst du die Wörter nun besser? (HINT: *Breaking compounds into parts often makes them easier to understand. Write down the components of the following expressions. Use a dictionary if necessary.*)

| MODELLE: | wrackhaltig: | das Wrack | + haltig (= es enthält) |
| | die Schiffsruine: | das Schiff | + die Ruine |

1. der Schiffsrest: *das Schiff*   +   *der Rest*

2. das Seegefecht: *die See*   +   *das Gefecht (= militärischer Kampf)*

3. die Kanonenkugel: *die Kanone*   +   *die Kugel*

4. der Salzgehalt: *das Salz*   +   *der Gehalt (= es enthält)*

5. der Bohrwurm: *bohren (ein Loch machen)*   +   *der Wurm*

6. der Kriegstag: *der Krieg*   +   *der Tag*

7. der Schiffstresor: *das Schiff*   +   *der Tresor*

8. das Denkmalschutzgesetz: *das Denkmal* + *der Schutz* + *das Gesetz*

Schreib mal!

F. Beschreib den Untergang eines Schiffes in der Ostsee. Erinnere dich an die Fähre „Estonia", das deutsche U-Boot „U534" oder an das amerikanische Schiff „Orkney". Was hatten sie an Bord? Wann sind sie gesunken? Was weißt du oder vermutest du noch? (HINT: *Choose one of these Baltic Sea shipwrecks: the ferry Estonia, the German U-Boat U534, or the American ship Orkney. Describe what was on board and when the ship sank. What else do you know or suspect? You might want to do some research on your own to supplement the information given in the text.*)

Answers will vary.

_____

_____

_____

_____

_____

_____

_____

_____

_____

_____

_____

Name _____

Datum _____

Klasse _____

WIEDERHOLUNG 3

VIDEOTHEK

A. Wer sagt das? Ordne die Namen den Aussagen zu. (HINT: *Listen to the tape, and write the name of the appropriate speaker next to each statement.*)

M = Marion   V = Vera   L = Lars   H = Heinz

1. ___M___ Ich kann meine blaue Bluse nicht finden.

2. ___L___ Die haben's gut, die fahren in Urlaub.

3. ___V___ Wir fahren nach Rügen, auf eine Insel.

4. ___M___ Ich krieg den Koffer einfach nicht zu.

5. ___H___ Überhaupt nichts zum Anziehen, hä?

6. ___H___ Schreibt mal eine Postkarte.

B. In der Pension. Setze die fehlenden Wörter ein. (HINT: *Fill in the missing words.*)

1. MICHAEL: _____Guten_____ _____Tag_____. Ich heiße Michael Händel.

2. FRAU HÄNDEL: So, das ist Ihr _____Zimmer_____.

3. FRAU HÄNDEL: Frühstück gibt es bis um _____zehn_____.

4. MICHAEL: Hallo! Wie _____gefällt_____ es Ihnen in Sellin?

5. MARION: Leider zu kalt zum _____Schwimmen_____.

6. MICHAEL: Aber nicht zum _____Wandern_____.

7. MICHAEL: Du weißt nicht, wie schön _____die_____ _____Insel_____ ist.

VOKABELN

A. Was macht Alma am liebsten im Urlaub? Kreuze an, was du hörst. (HINT: *Listen to Alma describe some of her favorite vacation activities. Mark the activities you hear.*)

____ Tennis spielen

✓ im See schwimmen

✓ am Strand in der Sonne liegen

____ Ski laufen

✓ alte Burgen besichtigen

____ Pilze im Wald suchen

✓ mit dem Fahrrad ins Gebirge fahren

____ im Wald joggen

____ am See angeln

✓ in die Sauna gehen

B. Was haben sie gemacht? (HINT: *Say what the following people did on vacation.*)

Du hörst: Was hat deine Oma gemacht?
 Du liest: meine Oma / schlafen / am Strand
Du sagst: Meine Oma hat am Strand geschlafen.
Du hörst: Hat sie wirklich am Strand geschlafen?

1. mein Bruder / bleiben / Schweden
2. mein Freund / fahren / nach Island
3. meine Schwester / kommen / nach Liechtenstein
4. meine Mutter / laufen / durch Belgien
5. mein Vater / mitkommen / nach Dänemark

 C. Wie ist das? Verwende den Plural. (HINT: *Use the plural to describe the following geographical features.*)

 Du liest: das Meer / blau
Du sagst: Die Meere sind blau.
Du hörst: Die Meere sind blau.

1. der Strand / lang
2. die Heide / braun
3. der See / schmutzig
4. der Fluss / sauber
5. die Halbinsel / klein
6. die Wiese / grün

D. Womit kann man in Urlaub fahren? Schreibe fünf Möglichkeiten auf. (HINT: *Write down five different modes of transportation one can use to go on vacation.*)

MODELL: das Auto

1. Answers will vary. Need to include five of the following: *die Bahn, der Zug, der Bus, das Motorrad, das Fahrrad,*

2. *das Flugzeug, das Schiff*

3. _____

4. _____

5. _____

Name _____ Datum _____ Klasse _____

E. Was zieht man an? Schreibe die Kleidungsstücke auf. (HINT: *Write down the pieces of clothing one would need in each of the following situations.*) Answers may vary.

1. Das zieht man zum Baden an.

   a. *die Badehose* _____

   b. *der Badeanzug* _____

2. Das zieht man für ein Konzert an.

   a. *der Anzug* _____

   b. *das Kostüm* _____

3. Das trägt man an den Füßen.

   a. *die Socken* _____

   b. *die Schuhe* _____

F. Was ist richtig? Umkreise das richtige Wort. (HINT: *Circle the correct completion for each sentence.*)

1. Einen Rock muss man (anprobieren / anrufen).

2. Am Bahnsteig muss man (fliegen / aufpassen).

3. Im Hotel muss man die Übernachtung (dauern / buchen).

STRUKTUREN

• •

A. Walters Reise nach Nürnberg. Schreib das Hilfsverb und das Partizip zu den Verben, die du hörst. (HINT: *Write down the auxiliary and the participle for each verb you hear.*)

Du hörst: reisen

Du liest: Walter _____ mit dem Zug _____.

Du schreibst: Walter _*ist*_ mit dem Zug ___*gereist*___.

1. Er _*hat*_ in einem Hotel _____*geschlafen*_____.

2. Er _*ist*_ früh _____*aufgestanden*_____.

3. Er _*hat*_ seine Theaterkarte _____*vergessen*_____.

4. Er _*ist*_ zum Schönen Brunnen _____*gelaufen*_____.

B. Missverstanden. Beantworte die Fragen, die du hörst, mit den Informationen aus der Aktivität A. (HINT: *A friend has misunderstood what Walter did. Answer the questions you hear with the information from Activity A above.*)

Du hörst: Ist Walter mit dem Bus gereist?
Du liest (in A):   Walter ist mit dem Zug gereist.
Du sagst: Nein, Walter ist mit dem Zug gereist.
Du hörst: Ach, er ist mit dem Zug gereist.

C. Kommt mit nach Nürnberg! Schreib Sätze im Imperativ. (HINT: *You are urging people to visit Nürnberg with you. Write sentences in the imperative.*)

MODELL: du: nach Nürnberg kommen! →
Komm nach Nürnberg!

1. ihr: Nürnberger Lebkuchen essen

   Esst Nürnberger Lebkuchen!

2. Sie: die Sebaldus-Kirche besichtigen

   Besichtigen Sie die Sebaldus-Kirche!

3. du: deine Freundin einladen

   Lad(e) deine Freundin ein!

D. Ein Brief aus Nürnberg. Schreibe diesen Brief im Imperfekt. (HINT: *Rewrite this letter, changing all the underlined words into the simple past tense.*)

Liebe Saskia,

es ist so schön in Nürnberg. Schade, dass du nicht hier bist. Ich habe ein Einzelzimmer in einem kleinen Hotel. Das Hotel ist mitten im Zentrum, und ich kann zu allen Sehenswürdigkeiten laufen. Ich will die Nürnberger Burg besichtigen, und ich muss unbedingt das Albrecht-Dürer Haus sehen. Weißt du, dass Albrecht Dürer Maler ist und er ein Haus hier in Nürnberg hat? Abends soll ich Freunde von mir besuchen. Sie haben Karten für ein Konzert, und ich darf mitkommen. Danach können wir noch einen Kaffee trinken. Aber ich bin sehr einsam ohne dich.

Liebe Grüße,
dein Walter

Liebe Saskia, es __war__ so schön in Nürnberg. Schade, dass du nicht hier __warst__. Ich __hatte__ ein Einzelzimmer in einem kleinen Hotel. Das Hotel __war__ mitten im Zentrum, und ich __konnte__ zu allen Sehenswürdigkeiten laufen. Ich __wollte__ die Nürnberger Burg besichtigen, und ich __musste__ unbedingt das Albrecht-Dürer Haus sehen. __Wusstest__ du, dass Albrecht Dürer ein Maler __war__ und er ein Haus hier in Nürnberg __hatte__? Abends __sollte__ ich Freunde von mir besuchen. Sie __hatten__ Karten für ein Konzert, und ich __durfte__ mitkommen. Danach __konnten__ wir noch einen Kaffee trinken. Aber ich __war__ sehr einsam ohne dich. Liebe Grüße, dein Walter

10 DIE WESPE

VIDEOTHEK

• •

A. Stimmt das oder stimmt das nicht? Kreuze die richtige Lösung an. (HINT: *Mark whether the following statements are true or false.*)

Die Wespe hat zugestochen!

	JA	NEIN
1. Michael schreibt einen Artikel über den Direktor.	☐	☑
2. Die Schüler finden den Artikel gut.	☑	☐
3. Silke sagt: „Die Biene kann stechen, genau wie dein Artikel."	☐	☑
4. Karin sagt: „Dein Artikel ist nicht klasse."	☐	☑

B. Die Schüler sind politisch aktiv. In welcher Reihenfolge hörst du das? (HINT: *Marion and the professor are discussing student political involvement in Germany. Mark the order in which you hear the statements.*)

a. __4__ Ja, sie demonstrieren, sie protestieren, sie engagieren sich einfach für alles, für Politik, für Umwelt, für ihre Rechte.

b. __2__ Sie müssen demonstrieren. Sie wollen Michael doch unterstützen. Pressefreiheit in der Schule!

c. __1__ Sie müssen etwas unternehmen. Sie protestieren. Eine Demonstration!

d. __3__ Aber manche Schülerinnen und Schüler in Deutschland sind politisch und sozial engagiert.

Eine Demonstration steht an.

C. Was ist richtig? Umkreise die richtige Lösung. (HINT: *Circle the correct answer.*)

1. Das Lieblingswort von Herrn Bolten ist ((eine Frechheit)/ die Wespe).

2. Die Freundin von Michael ist ((Silke)/ Karin).

3. Michael ist in Klasse (Elf /(Zwölf)/ Dreizehn).

4. Der Direktor, Herr Lenzen, ist (nicht fair /(sehr fair)) zu Michael.

VOKABELN

A. Was macht Steffi nach der Schule? Hör zu und kreuze die richtigen Antworten an. Du hörst den Text zweimal. (HINT: *Listen closely as Steffi describes her after-school activities. Mark the activities she mentions. You will hear the passage twice.*)

✓ Hausaufgaben machen

___ Schi laufen

✓ Schulbus fahren

___ im Park joggen

___ auf dem Sportplatz Fußball spielen

✓ schlafen

✓ pauken

✓ fernsehen

___ Briefe schreiben

✓ mit einer Freundin telefonieren

___ Tennis spielen

B. Stefan zeigt dir seine Schule. Was erwähnt er? (HINT: *Stefan is showing you around his school. Circle the places he mentions.*)

der Schulhof
das Klassenzimmer
das Labor   die Cafeteria
das Sprachlabor
der Sportplatz   die Bibliothek
der Aufenthaltsraum

C. Was machst du dort? (HINT: *Answer the questions about what you do in various places, using the cues provided.*)

Du hörst: Was machst du in der Bibliothek?
Du siehst: interessante Bücher lesen
Du sagst: In der Bibliothek lese ich interessante Bücher.
Du hörst: In der Bibliothek lese ich interessante Bücher.

1. Spanisch lernen
2. über die Schule reden
3. essen
4. Computerspiele spielen
5. Basketball spielen

D. Stimmt das oder stimmt das nicht? Martin erzählt von einem typischen Schultag. (HINT: *Indicate whether a statement is correct or incorrect based on Martin's description of a typical school day.*)

		JA	NEIN
1.	Der Lehrer gibt den Schülern eine leichte Klausur.	✓	☐
2.	Martin schreibt einer Mitschülerin einen Brief.	☐	✓
3.	Martin zeigt dem Mitschüler aus Amerika das Sprachlabor.	☐	✓
4.	Die Lehrerin hilft den Schülern gerne.	✓	☐

E. Was machen sie? Vervollständige die Sätze. (HINT: *Use the words below to complete the sentences about what various people are doing.*) Answers may vary.

plaudert
lesen
Labor
isst
lernen

1. Die Schüler _____lernen_____ im Klassenzimmer.

2. Frank _____isst_____ in der Cafeteria.

3. Sabine und Mareike _____lesen_____ in der Bibliothek.

4. Jan _____plaudert_____ mit Rüdiger auf dem Schulhof.

5. Die Klasse 11 hat Unterricht im _____Labor_____.

F. Was ist richtig? Kreuze die richtige Antwort an. (HINT: *Check the correct answer.*)

1. Ein Freund ärgert dich. Was sagst du?
   - ⓐ Du spinnst doch!
   - b. Du bist echt klasse.

2. In der Schülerzeitung ist ____ erschienen.
   - a. eine Notiz
   - ⓑ ein Artikel

3. Die Klausur war ____.
   - ⓐ schwer
   - b. fleißig

4. Du hast die Klausur ____.
   - ⓐ bestanden
   - b. geplaudert

5. Auf einer Demonstration ____ man.
   - a. paukt
   - ⓑ protestiert

G. Ziehe Linien und bilde Sätze. (HINT: *Draw lines connecting phrases in the two columns to make logical sentences.*)

1. Die Note   echt klasse.

2. Wir diskutieren   waren schwer.

3. Die Hausaufgaben   bestanden.

4. Ich habe die Klausur   die Mitschülerinnen.

5. Die Idee ist   war ungerecht.

6. Jan ärgert gerne   ein Problem.

H. Wie sieht Utes Schulalltag aus? Ergänze die Lücken! (HINT: *What is Ute's school day like? Fill in the blanks.*)

> Cafeteria   reden über
> Bus
> Unterricht   Pause
> Schulhof
> Pausenbrot   läutet

Um halb acht fährt Ute mit dem _____Bus_____[1] zur Schule. Erstmal sitzen sie und ihre

Mitschülerinnen vor der Schule und ____reden über____[2] Fernsehsendungen oder Musik. Dann

____läutet____[3] es und sie müssen alle zum ____Unterricht____[4] gehen. In der ersten

Stunde ist Englisch, Utes Lieblingsfach. Die nächste Stunde ist Biologie. In der großen

____Pause____[5] geht Ute in die ____Cafeteria____[6] und holt sich ein

____Pausenbrot____.[7] Oft geht sie nach draußen auf den ____Schulhof____,[8] wo sie sich

mit Michael trifft. Nach der Schule geht Ute nach Hause.

I. Wie sieht dein Schulalltag aus? Schreibe einen Absatz mit acht Sätzen. Benutze Utes Beschreibung als Modell. (HINT: *What is your school day like? Write a paragraph with eight sentences. Use Ute's description above as a model. Use as many of the words in the box in Activity H as you can, as well.*)

Answers will vary.

_____

_____

_____

_____

_____

_____

_____

STRUKTUREN

A. Objekte. Hör zu und kreuze an, ob die Nomen direkte Objekte im Akkusativ oder indirekte Objekte im Dativ sind. Du hörst jeden Satz zweimal. (HINT: *Listen to the following sentences, and check off whether the nouns in the list below are used as direct objects, in the accusative, or as indirect objects, in the dative. You will hear each sentence twice.*)

		Akkusativ	**Dativ**
1.	Vater		X
2.	Tochter		X
3.	Bücher	X	
4.	Kind		X
5.	Krawatte	X	
6.	Schüler		X
7.	Lehrer		X

B. Bücher, Bücher. Sag, wem du welche Bücher kaufst. (HINT: *Answer the questions, saying which book you're buying for whom.*)

die Großeltern

der Deutschlehrer

die Eltern

die Mitschülerin

die Freundin

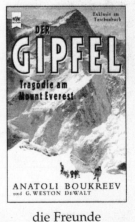
die Freunde

Du hörst: Wem kaufst du „Irgendwo in Deutschland"?
Du liest: „Irgendwo in Deutschland": die Eltern
Du sagst: Ich kaufe es den Eltern.
Du hörst: Ich kaufe es den Eltern.

1. ... 2. ... 3. ... 4. ... 5. ...

C. Familie Angerer im Kaufhaus. Sag, wem die Sachen gefallen. (HINT: *The Angerer family is shopping. Say who likes which item.*)

Du hörst: Wem gefällt das Hemd?
Du sagst: Dem Vater gefällt das Hemd.
Du hörst: Dem Vater gefällt das Hemd.

	das Hemd	die Jacke	der Rock	die Shorts	der Anorak	die Jeans
der Vater	X					
das Kind		X				
die Mutter			X			
der Neffe				X		
die Tante					X	
der Onkel						X

1. . . . 2. . . . 3. . . . 4. . . . 5. . . .

 D. Minidialoge. Hör zu und ergänze die Lücken. (HINT: *Listen and fill in the blanks with the appropriate dative pronouns.*)

VERKÄUFERIN: Guten Tag, kann ich _____Ihnen_____[1] helfen?

KUNDE: Ja, meine Frau hat Geburtstag. Ich möchte _____ihr_____[2] eine Bluse schenken.

VERKÄUFERIN: Hier habe ich eine schöne Bluse in Blau. Die haben schon viele Kunden gekauft, weil

_____ihnen_____[3] die Farbe so gut gefällt.

DANIELA: Hallo, Alban! Zeig _____uns_____[4] mal deinen neuen Pullover.

ALBAN: Hier. Gefällt er _____euch_____?[5]

KATRIN: Also nein, die Farbe gefällt _____mir_____[6] überhaupt nicht.

DANIELA: Ich finde auch, dass er _____dir_____[7] nicht passt. Der ist doch viel zu klein!

ALBAN: Na ja, dann gebe ich ihn eben Thommy. Vielleicht passt der Pullover _____ihm_____.[8]

E. Ein Telefongespräch. Jasmin ist Austauschschülerin in Irland. Beantworte die Fragen, die ihr Vater ihr am Telefon stellt. (HINT: *Jasmin is an exchange student in Ireland. Answer the questions her father asks her on the phone. Pay attention to the dative pronouns you will use to replace the underlined words.*)

MODELL: Jasmin, passt <u>dir</u> die neue Hose? → Ja, sie passt mir wunderbar!
Answers may vary. Possible answers:

1. Schickst du <u>deinem Bruder</u> eine Karte zum Geburtstag?

   Ja, ich schicke ihm eine Karte zum Geburtstag.

2. Bringst du <u>uns</u> Geschenke aus Irland mit?

   Ja, ich bringe euch Geschenke aus Irland mit.

3. Hilfst du <u>den Gasteltern</u> bei der Hausarbeit?

   Ja, ich helfe ihnen bei der Hausarbeit.

F. Wer schenkt wem was? Schreibe Fragen und Antworten mit den Informationen aus der Tabelle. (HINT: *Write questions and answers using the information in the table below.*)

MODELL: Was schenkt Daniela dem Mitschüler?
Sie schenkt ihm eine Schülerzeitung.

	der Mitschüler	die Großmutter	die Eltern	Herr Wiedemann	der Onkel	die Nachbarn	die Tante
Daniela	eine Schüler-zeitung						
1. Alban					ein CD-Spieler		
2. Thomas		Blumen					
3. Andy							ein Pullover
4. Brigitte			eine Lampe				
5. Karl						eine Standuhr	
6. Sabine				ein Fußball			

1. *Was schenkt Alban dem Onkel? Er schenkt ihm einen CD-Spieler.* _____

   _____

2. *Was schenkt Thomas der Großmutter? Er schenkt ihr Blumen.* _____

   _____

3. *Was schenkt Andy der Tante? Er schenkt ihr einen Pullover.* _____

   _____

4. *Was schenkt Brigitte den Eltern? Sie schenkt ihnen eine Lampe.* _____

   _____

5. *Was schenkt Karl den Nachbarn? Er schenkt ihnen eine Standuhr.* _____

   _____

6. *Was schenkt Sabine Herrn Wiedemann? Sie schenkt ihm einen Fußball.* _____

   _____

AUSSPRACHE

Contrasting Vowel Sounds

 A. Review of long and short umlauted vowels

Listen and repeat.

LONG Ä

fährt
schläft
Väter

SHORT Ä

hässlich
Mäntel
Ausländer

LONG Ö

Größe
böse
Söhne

SHORT Ö

Wörter
möchte
können

LONG Ü

Gemüse
grün
Brüder

SHORT Ü

Mütter
Glück
müssen

Satzbeispiele. Listen and circle the long umlauted vowels. You will hear each sentence twice.

1. Wir müssen heute Gem**ü**se und K**ä**se kaufen.

2. Mäntel, Röcke und H**ü**te gibt es in zwölf Gr**ö**ßen.

3. Die Mützen geh**ö**ren den V**ä**tern und ihren Br**ü**dern.

 B. Distinguishing Short *e* and *ö*

Listen and repeat.

kennen/können   bellen/Böll
helle/Hölle   gelte/gölte

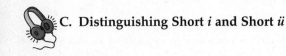

C. Distinguishing Short *i* and Short *ü*

Listen and repeat.

Mitte/Mütter	Kissen/küssen
misste/müsste	trimmen/Trümmer

Listen carefully and check off which word you hear.

1. kennen ☑ können ☐
2. helle ☐ Hölle ☑
3. Kissen ☐ küssen ☑
4. Mitte ☑ Mütter ☐
5. bell ☐ Böll ☑

D. Diphthongs *ei* and *ie*

Listen and repeat.

EI	IE
Fleisch	lieben
Preis	Dienstag
zeigen	vier
heißen	Stiefel
Kleid	probieren

Say the following words as quickly as possible.

Du hörst: 1
Du sagst: feiert
Du hörst: feiert

1. feiert
2. viel
3. Dienstag
4. Freitag
5. leider
6. lieber
7. Fleisch
8. Flieder

Satzbeispiele. Listen and fill in the blanks with the correct diphthong. You will hear each sentence twice.

1. L_ei_der sind zu v_ie_le Zw_ie_beln in d_ie_ser Suppe.

2. W_ei_ß D_ie_ter, dass die M_ei_ers nicht am Fr_ei_tag, sondern am D_ie_nstag h_ei_raten?

3. Ich gen_ie_ße d_ie_ses h_ei_ße Wetter mehr als den v_ie_len Schnee.

EINBLICKE

A. Hör zu! Du hörst den Anfang von zwei Artikeln aus deutschen Schülerzeitungen. Welcher Artikel passt zu welchem Titel? (HINT: *Listen to the following excerpts from articles in a German school newspaper. Which selection goes with each of the titles below?*)

Du hörst zuerst einige neue Wörter:

der Stand	*booth, stand*	Eintracht Frankfurt	*professional soccer team in Frankfurt*
stattfinden	*to take place*		
das Angebot	*offer*	das Fußballtrikot	*soccer shirt*
das Geisterhaus	*haunted house*	der Segen	*blessing*
		der Fluch	*curse*

2 ____

Geburtstage: Segen oder Fluch

1 ____

Der Schulfeststress

B. Wo und wann? Du hörst den ersten Text noch einmal. Wo kann man was auf dem Schulfest machen? Wann kann man das machen? (HINT: *You will hear the first text again. Fill in the chart about where and when one can do various things at the school fair.*)

Aktivität	Wo	Wann
Waffelverkauf	im 1. Stock	
Theaterstück	A-33	*13.00 Uhr*
Mister und Miss Lothar Meyer Gymnasium	*Sporthalle*	14.00 Uhr
Bratwurst bei Musik	Schulhof	
Geisterhaus	Kunstraum	
Limbotanz	*Cafeteria*	*15.00 Uhr*

C. Und du? Warst du schon einmal auf einem Schulfest? Wann? Wo? Was hast du da gemacht? (HINT: *Have you ever been to a school fair? When? Where? What did you do there?*)

Answers will vary.

_____

_____

_____

_____

_____

_____

_____

D. Stimmt das oder stimmt das nicht? Du hörst den zweiten Text noch einmal. (HINT: *You will hear the second text again. Mark whether the statements are true or false.*)

		JA	NEIN
1.	Wenn man das Wort Geburtstag hört, denkt man Stress.	☑	☐
2.	Der Autor feiert seinen 30. Geburtstag.	☐	☑
3.	Er feiert dieses Jahr mit seinen Eltern.	☐	☑
4.	Auf der Party gibt es Chips.	☑	☐
5.	Er bekommt ein Fußballtrikot von seinen Eltern.	☑	☐
6.	Von seinem Opa bekommt er einen Computer.	☐	☑
7.	Inge Schneider kommt, wie immer, zu früh.	☐	☑

E. Ein Happy End? Der Autor erzählt die Geschichte nicht zu Ende. Was passiert am Ende der Party, was denkst du? Warum heißt der Artikel: „Geburtstage: Segen oder Fluch"? (HINT: *The author doesn't finish the story. What do you think happens at the end of the party? Why is the article called "Geburtstage: Segen oder Fluch"?*)

Answers will vary.

_____

_____

_____

_____

_____

_____

_____

_____

PERSPEKTIVEN

Hör mal zu!

A. Im Schulhof. Stefanie und Jenny erzählen über einen Montag an ihrer Schule. Hör gut zu. Was fehlt? Du hörst das Gespräch zweimal. (HINT: *Stefanie and Jenny are talking about their day in school. Listen carefully to their conversation, and fill in the missing words. You will hear the conversation twice.*)

STEFANIE: Hallo, Jenny. Wie war's heute bei dir in der ___Schule___?[1] Habt ihr was

Interessantes gemacht?

JENNY: Nee, eigentlich nicht. In Englisch haben wir ___Hausaufgaben___[2] verglichen und

Grammatik gemacht.

STEFANIE: Englisch ___hatte___[3] ich heute nicht, aber meine Lateinstunde war bestimmt

noch schlimmer. Wir hatten einen Vokabeltest—niemand wusste davon. Dann

___mussten___[4] wir eine Weile Übungen machen, weil Frau Hahn ins Lehrerzimmer

musste. Hattest du heute Physik bei dem Esser?

JENNY: Ja, in der dritten Stunde. Er hat fast die ganze Stunde nur Hausaufgaben angeschaut. Dann

haben wir von der ___Tafel___[5] Notizen zum Thema Schwerkraft abgeschrieben.

Was habt ihr denn gemacht?

STEFANIE: Wir sind gar nicht zu den ___Notizen___[6] gekommen. Esser hat mal wieder die

meiste Zeit über sein Wochenende gequasselt.

JENNY: Musik ___war___[7] heute für mich die Rettung. Wir haben „Yesterday" von den

Beatles durchgeprobt. Das singen wir beim Schulfest.

STEFANIE: Sagmal, hast du in der großen ___Pause___[8] den Hannes gesehen?

JENNY: Nee, hab' ich nicht.

STEFANIE: Du, jetzt muss ich aber schnell nach

Hause. Ich hab' eine Menge

Hausaufgaben in Geschichte.

JENNY: Also dann, tschüss bis morgen!

B. Wie war das noch mal? Beantworte jetzt die Fragen, die du zum Gespräch hörst, mit Hilfe des ausgefüllten Textes. (HINT: *How was that again? Answer the questions you will hear about the conversation, using the text you've just filled in to find the answers.*)

1. . . . 2. . . . 3. . . .
4. . . . 5. . . . 6. . . .

Am ersten Schultag bekommt man eine Schultüte. Später . . .

Lies mal!

Eva: die große Angst in der Schule und die kleinen Freuden danach

„Eva", sagt Herr Hochstein. Eva senkt den Kopf, greift nach ihrem Füller, schreibt. „Eva", sagt Herr Hochstein noch einmal. Eva senkt den Kopf tiefer, greift nach Lineal und Bleistift, zeichnet die Pyramide. Sie hört ihn nicht. Sie will ihn nicht hören. Nicht aufstehen, nicht zur Tafel gehen. Was tun? Sie sucht in ihrer Schultasche nach dem Radiergummi. Man kann lange nach einem Radiergummi suchen. Ein Radiergummi ist klein in einer großen Schultasche.

„Barbara", sagt Herr Hochstein. In der dritten Reihe steht Babsi auf und geht zur Tafel. Eva schaut nicht hoch.

„Gut hast du das gemacht, Barbara", sagt Herr Hochstein. Babsi kommt durch den schmalen Gang zwischen den Bänken zurück. Es klingelt.

Dritte Stunde Turnen. Im Umkleideraum Kichern und Lachen. Eva zieht die lange schwarze Turnhose an, wie immer, und dazu ein schwarzes T-Shirt mit kurzen Armen. Sie gehen zum Sportplatz. Frau Madler pfeift, und alle stellen sich in einer Reihe auf. Handball.

„Alexandra und Susanne wählen die Mannschaft".

Eva bückt sich, öffnet die Schleife an ihrem linken Turnschuh und zieht den Schnürsenkel heraus.

Alexandra sagt: „Petra".

Susanne sagt: „Karin".

Eva hat den Schnürsenkel durch die beiden untersten Löcher geschoben und zieht ihn gerade.

„Karola". – „Anna". – „Ines". – „Nina". – „Kathrin".

Eva schaut nicht hoch.

„Maxi". – „Ingrid". – „Babsi". – „Monika". – „Franziska". – „Christine".

Eva beginnt mit der Schleife. Sie kreuzt die Schnürsenkel und zieht sie zusammen.

„Sabine Müller". – „Lena". – „Claudia". – „Ruth".

„Sabine Karl".

Eva legt die Schleife.

„Irmgard". – „Maja". – „Inge". – „Ulrike". – „Hanna". – „Kerstin".

Ich muß meine Turnschuhe mal wieder waschen, denkt Eva.

„Gabi". – „Anita". – „Agnes". – „Eva".

Eva zieht die Schleife fest und steht auf. Sie ist in Alexandras Gruppe.

Mirjiam Pressler

aus Bitterschokolade, *Langenscheidt, 1992, pp. 9 – 11.*

Wortschatz zum Text

der Radiergummi	*eraser*
Es klingelt.	*The bell rings.*
der Umkleideraum	*locker room*
pfeifen	*to whistle*
die Mannschaft wählen	*to pick, choose teams*
die Schleife	*bow*
der Schnürsenkel	*shoelace*
das Loch, -ër	*hole*

C. Schulvokabular. Hier siehst du typisches Schulvokabular. Was passt zusammen? (HINT: *Here you see typical school vocabulary. Match the words to their definitions.*)

1. _b_ das Lineal
2. _e_ der Bleistift
3. _g_ die Schultasche
4. _f_ die Schulbank
5. _a_ die Turnstunde
6. _c_ der Sportplatz
7. _d_ der Füller

a. die Stunde, in der man in der Schule Sport macht
b. ein langes schmales Stück Holz, mit dem man gerade Linien zieht
c. ein Platz, wo man Sport treibt
d. man füllt ihn mit Tinte und schreibt
e. ein Stift, der Blei enthält
f. eine Bank, auf der man in der Schule sitzt
g. eine Tasche, die man mit zur Schule nimmt

D. Fragen zum Text. Beantworte die folgenden Fragen zum Text. Schreibe ganze Sätze. (HINT: *Answer the following questions about the reading in complete sentences.*) Answers may vary. Possible answers:

1. Was sind Evas Fächer an diesem Tag?

   An diesem Tag sind Evas Fächer Mathe und Turnen (Sport).

2. Was macht Eva, als Herr Hochstein sie an die Tafel ruft?

   Eva senkt den Kopf, greift nach ihrem Füller und schreibt.

3. Warum will Eva Herrn Hochstein nicht hören?

   Sie will nicht an die Tafel gehen.

4. Warum will sie nicht an die Tafel gehen?

   Sie will nicht vor der Klasse stehen. Sie hat Angst.

5. Was unterrichtet Frau Madler?

   Frau Madler unterrichtet Sport.

6. Warum zieht Eva den Schnürsenkel ihres Turnschuhes heraus?

   Sie will nicht nur da stehen und warten.

7. Wenn die Schülerinnen die Mannschaften wählen, kommt Evas Name ganz am Ende. Warum wohl?

   Eva kann nicht so gut Handball spielen.

Schreib mal!

E. Und danach. . . . Der zweite Teil des Titels heißt „und die kleinen Freuden danach". Was ist damit gemeint? Was denkst du? (HINT: *The second part of the title is* **"und die kleinen Freuden danach."** *What do you think that means?*)

Answers will vary.

_____

_____

_____

_____

_____

_____

_____

_____

_____

F. Und du? Bist du mehr wie Eva, wie Barbara (im Unterricht von Herrn Hochstein) oder wie Alexandra (im Turnunterricht)? Wieso? (HINT: *Who are you most like: Eva, Barbara [in Herr Hochstein's class], or Alexandra [in gym class]? Why? Compare yourself to the one you are most like.*)

Ich bin wie (Eva / Barbara / Alexandra), weil . . .

1. Answers will vary.

_____

_____

2. _____

_____

_____

_____

3. _____

_____

_____

4. _____

_____

_____

G. Barbara und Alexandra in der Schule. Stell dir einen Schultag von Barbara oder Alexandra vor. Schreibe eine kurze Geschichte (einen Absatz) über Barbara oder Alexandra. (HINT: *Imagine what Barbara or Alexandra's school day is like. Write a short story [one paragraph] about one of the two girls. What does she think? What does she do? How does she behave towards Eva?*)

Answers will vary.

_____

_____

_____

_____

_____

_____

_____

_____

_____

_____

Name _____

Datum _____

Klasse _____

11 EIN LIEBESDRAMA

VIDEOTHEK

• •

A. In welcher Reihenfolge hörst du das? Nummeriere die Sätze. (HINT: *Number the following statements in the order you hear them.*)

a. _3_ Na, dann viel Spaß bei Mathe!

b. _5_ Da ist was runtergefallen . . . Fotos! Kann ich mal sehen?

c. _1_ Tag, Silke!

d. _4_ Komm, wir gehen in mein Zimmer.

e. _2_ Ist es schon so spät?

f. _6_ Ich denke, wir wollten Mathe machen?

Fotos!

B. Was fehlt? Hör zu und ergänze die fehlenden Wörter. (HINT: *Listen and fill in the missing words in the following excerpts.*)

PROFESSOR: Also Marion, Sie wollen zwischen den beiden Probleme schaffen.

MARION: Ja, mein Brief mit den Fotos—das hat alles geändert.

PROFESSOR: Was haben Sie denn geschrieben?

MARION: Ach, nichts Wichtiges. „Oh, Michael! Die Zeit mit dir auf _____Rügen_____[1] war wunderschön. Das _____Abenteuer_____[2] auf dem _____Boot_____[3] ist unvergesslich. Ob wir uns jemals wieder sehen? Und so weiter, und so weiter. Deine Marion.“

PROFESSOR: Michael hilft seinem Vater, das Boot zu reparieren.

MICHAEL: Wir wollen noch Mathe machen.

PROFESSOR: Michaels Mutter ruft, weil Post von Marion gekommen ist.

FRAU HÄNDEL: Michael! Post für dich. Von Marion.

PROFESSOR: Silke ist mit dem _____Fahrrad_____[4] auf dem Weg zu _____Michael_____[5] Die beiden wollen zusammen _____lernen_____,[6] denn sie schreiben eine _____Klausur_____[7] in Mathe.

MICHAEL: Ich denke, wir wollten Mathe machen?

PROFESSOR: Silke sieht die Fotos und liest Marions Brief.

SILKE: Lieber Michael . . . es war sehr schön mit dir im Boot . . . die Spaziergänge . . . Deine Marion.

PROFESSOR: Silke ist wütend. Sie steigt auf ihr Fahrrad und fährt weg.

VOKABELN

body heading

A. Interviews. Folgende Personen werden interviewt. Hör zu und markiere ihre Lieblingsfächer. (HINT: *The following people are being interviewed. Listen and mark their favorite subjects.*)

	1. Karen	2. Thomas	3. Christa	4. Bodo
Französisch	X			
Wirtschaft				
Geschichte				X
Mathematik			X	
Biologie		X		
Chemie				

B. Wo lernen sie? (HINT: *Write the name of the type of school each of the following people is attending.*)

Du hörst: Ich muss noch ein Jahr an der Hauptschule machen.
Du schreibst: die Hauptschule

1. Finn   *der Kindergarten*   4. Jamina   *die Realschule*

2. Cornelius   *die Berufsfachschule*   5. Ulf   *die Universität*

3. Michael   *die Fachhochschule*

C. Janines Schultag. Du hörst Fragen. Beantworte sie mit Hilfe des Stundenplans. (HINT: *You will hear questions. Answer them using Janine's class schedule.*)

Janines Stundenplan

	MONTAG	DIENSTAG	MITTWOCH	DONNERSTAG	FREITAG
8.00–8.45	Geschichte	Kunst	Chemie	Spanisch	Spanisch
8.50–9.35	Chemie	Kunst	Chemie	frei	frei
PAUSE					
9.55–10.40	Deutsch	Deutsch	Geschichte	frei	Deutsch
10.45–11.30	Mathematik	Mathematik	Spanisch	Mathematik	Mathematik
11.35–12.20	frei	Informatik	Informatik	Geschichte	Informatik
12.25–13.10	Spanisch	Sport	Deutsch	Chemie	Sport

Du hörst: Was hat Janine am Freitag um acht?
Du sagst: Am Freitag um acht hat sie Spanisch.
Du hörst: Am Freitag um acht hat sie Spanisch, das stimmt.

Name _____ Datum _____ Klasse _____

🎧 **D. Wo und was lernen oder studieren diese Leute?** (HINT: *Use the cues to say what the following people are studying and where.*)

Du hörst: Was studiert Herbert?
Du liest: Deutsch an der Universität
Du sagst: Herbert studiert Deutsch an der Universität.
Du hörst: Herbert studiert Deutsch an der Universität? Das ist super.

1. Psychologie an der Universität
2. Mathematik am Gymnasium
3. Erdkunde in der Realschule
4. Musik an der Hochschule
5. Kunst an der Fachhochschule
6. Chemie an der Hauptschule

E. Setze die richtigen Wörter ein. (HINT: *Fill in the correct words.*)

1. Der Lehrer _____*unterrichtet*_____ an der Realschule.

2. Die Schülerin _____*lernt*_____ in der Grundschule.

3. Die Hochschulprofessorin _____*lehrt*_____ an der Hochschule.

4. Der Schüler hat Mathematik und Literatur am Gymnasium

   _____*belegt*_____.

5. Die Studentin _____*studiert*_____ Sozialkunde an der Universität.

> unterrichtet
> belegt lehrt
> lernt studiert

F. Wie heißt das Fach? (HINT: *Name the subject suggested by the picture.*)

1. _____*Mathematik*_____   2. _____*Kunst*_____   3. _____*Informatik*_____

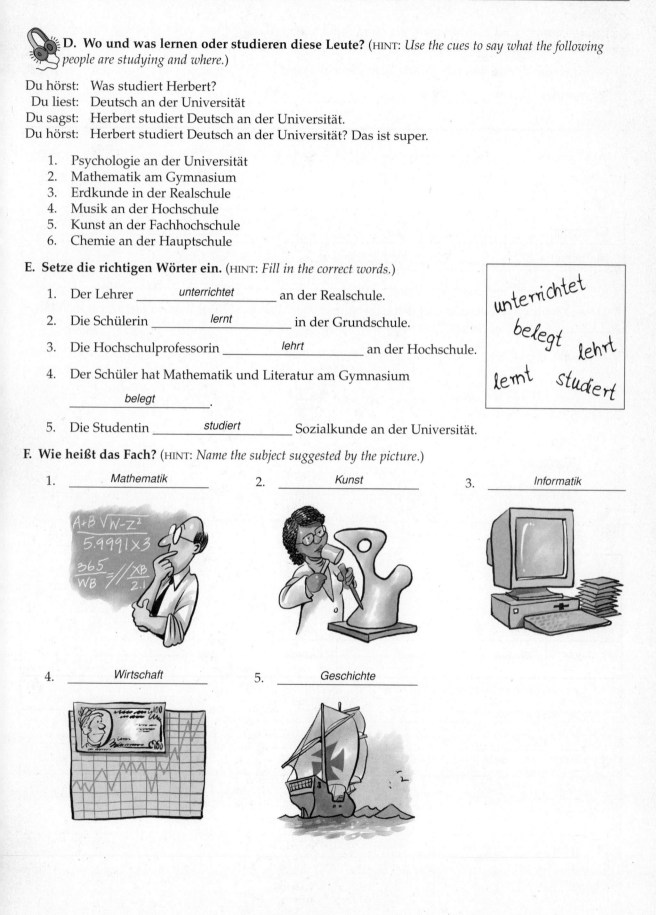

4. _____*Wirtschaft*_____   5. _____*Geschichte*_____

G. Deine Freunde und Freundinnen. Was sind ihre Lieblingsfächer? (HINT: *Ask four friends to name their favorite subjects, and report what they say.*)

MODELL: Meine Freundin Maria lernt gerne Biologie.

1.   Answers will vary. _____

    _____

2.   _____

    _____

3.   _____

    _____

4.   _____

    _____

H. Deine Lieblingsfächer. Was sind deine Lieblingsfächer? Was für Fächer hast du nicht so gern? Mach zwei Listen. (HINT: *What are your favorite subjects? What are not your favorite subjects? Make two lists.*)

LIEBLINGSFÄCHER

1.   Answers will vary. _____

2.   _____

3.   _____

FÄCHER, DIE ICH NICHT SO GERN HABE

1.   Answers will vary. _____

2.   _____

3.   _____

STRUKTUREN

∙∙∙

A. Saskia kommt nach Hause. Hör zu und nummeriere die Sätze in der Reihenfolge, in der du sie hörst. (HINT: *Saskia is coming home from school. Listen and number the sentences according to the order in which you hear them.*)

a. __2__ Sie hängt ihre Jacke in den Kleiderschrank.

b. __1__ Saskia kommt von der Schule nach Hause.

c. __7__ Sie stellt ihre Bücher in das Bücherregal.

d. __4__ Sie legt ihre Mütze auf den Stuhl.

e. __3__ Sie steckt die Handschuhe in die Jacke.

f. __6__ Sie stellt das Telefon auf den Tisch.

g. __5__ Sie legt ihren Pullover auf das Bett.

B. Albans Zimmer. Hör zu, wie Alban sein Zimmer beschreibt, und verbinde die passenden Elemente. (HINT: *Listen to Alban describe his room, and match the elements from the numbered column with the appropriate elements from the lettered column.*)

1. __c__ Der Spiegel hängt

2. __h__ Das Poster hängt

3. __g__ Das Bett steht

4. __e__ Der Teppich liegt

5. __b__ Das Sofa steht

6. __f__ Der Stuhl steht

7. __a__ Das Telefon steht

8. __d__ Der Computer steht

     a. neben dem Bett.
     b. zwischen den Fenstern.
     c. hinter der Tür.
     d. auf dem Schreibtisch.
     e. vor dem Bett.
     f. unter einem Fenster.
     g. neben dem Schreibtisch.
     h. an der Wand.

C. Chaos im Zimmer. Daniela hat seit Wochen nicht aufgeräumt. Hilf ihr, ihre Sachen zu finden! (HINT: *Daniela hasn't cleaned her room in weeks. Help her to find her belongings.*)

Du hörst: Wo liegen die Bücher?
Du sagst: Unter dem Bett.
Du hörst: Unter dem Bett.

das Bücherregal • der Spiegel • die Wand • der Regenschirm • der Schreibtisch • die Zeitung • die Schuhe • die Schultasche • der Stuhl • die Tasse • die Bücher • das Bett

1. ...   2. ...   3. ...   4. ...   5. ...   6. ...

D. Aufräumen. Jetzt hilfst du Daniela beim Aufräumen und sagst ihr, wohin sie die Sachen legen, setzen, stellen oder stecken soll. (HINT: *Now you help Daniela to restore order. Tell her where to put her belongings.*)

Du hörst: Wohin soll ich die Bücher stellen?
Du liest: in / das Bücherregal
Du sagst: Ins Bücherregal!
Du hörst: Ins Bücherregal! Gut!

1. auf / der Schreibtisch   4. unter / das Bett
2. an / die Wand   5. auf / der Schreibtisch
3. in / der Kleiderschrank   6. auf / der Stuhl

E. Im Restaurant „Tomate". Alban und Thomas gehen ins Restaurant. Ergänze die Lücken mit dem passenden Verb. (HINT: *Alban and Thomas go to the restaurant „Tomate." Fill in the blanks with the appropriate verb in parentheses.*)

1. Im Restaurant „Tomate" kann man gemütlich _____*sitzen*_____ (setzen / sitzen).

2. Alban _____*stellt*_____ (stellt / steht) seinen Regenschirm an die Garderobe.

3. Er _____*legt*_____ (legt / liegt) seine Mütze auf die Garderobe.

4. Thomas _____*hängt*_____ (hängt / setzt) seine Jacke über den Stuhl.

5. Unter dem Tisch _____*liegt*_____ (legt / liegt) ein Hund.

6. Der Kellner _____*legt*_____ (hängt / legt) die Speisekarte auf den Tisch.

F. Besuch aus Deutschland. Eine Freundin aus Deutschland kommt dich besuchen und hat viele Fragen. Beantworte sie und benutze dabei die Angaben in Klammern. (HINT: *A friend from Germany is visiting you and has a lot of questions. Answer them, using the information in parentheses.*)

1. Wo kaufst du Wasser und Saft? (in / der Supermarkt)

   Ich kaufe Wasser und Saft im Supermarkt.

2. Und wo ist der Supermarkt? (neben / der Bahnhof)

   Der Supermarkt ist neben dem Bahnhof.

3. Wohin gehen wir heute Nachmittag? (in / der Park)

   Wir gehen heute Nachmittag in den Park.

4. Wohin fahren wir morgen? (an / der Strand)

   Wir fahren an den Strand.

5. Und wo steht dein Auto? (auf / die Straße)

   Mein Auto steht auf der Straße.

G. Das Familienporträt. Beschreibe das Familienporträt so genau wie möglich. Benutze Präpositionen wie **auf, hinter, neben, vor** und **zwischen.** (HINT: *Describe the family portrait in as much detail as possible using prepositions like **auf, hinter, neben, vor,** and **zwischen.***) Answers may vary.

MODELL: Der Vater steht neben der Mutter und hinter der Tochter.

1. Die Mutter *steht neben dem Vater und hinter dem Sohn.*

2. Die Tochter *steht vor dem Vater und neben der Großmutter.*

3. Die Großmutter *sitzt zwischen der Tochter und dem Sohn und vor den Eltern.*

4. Die Kuckucksuhr *hängt hinter der Familie (hinter den Eltern) an der Wand.*

5. Der Hund *liegt vor der Familie.*

AUSSPRACHE

•••

Contrasting Consonant Sounds; Initial *ch*

 A. The Contrast *ch/r* and *l/r*. As you have learned, **r** can be pronounced either in the back of the throat or with the tip of the tongue. When **r** is pronounced in the back of the throat, it sounds similar to the guttural **ch**, as in **a*ch*t, au*ch*,** and **do*ch*.** When **r** is pronounced with the tip of the tongue, it resembles the **l** sound.

Listen and repeat.

CH/R

acht/Art
Tochter/Torte
Bach/Bart
Woche/Worte

L/R

halt/hart
Geld/Gerd
wollt/Wort
wild/wird

 B. The Contrast *ch/sch*. The soft **ch,** the **ch** sound in **mi*ch*** and **Mäd*ch*en,** is similar to the **sch** sound in **Ti*sch*** and **S*ch*ule.**

Listen and repeat.

CH/SCH

mich/mischen
wich/wisch
Fächer/fescher
durch/dusch

Listen carefully and check off which word you hear.

1.	durch	✓	dusch	☐
2.	Fichte	✓	fischte	☐
3.	Löcher	☐	Löscher	✓
4.	keuch	☐	keusch	✓
5.	Furche	✓	forsche	☐

C. The Consonant Cluster *schst*. When pronouncing the consonant cluster **schst,** be careful to pronounce both the **sch** sound, as in **Ti*sch*,** and a distinct **st** sound, as in **i*st*.**

Listen and repeat.

> wä**schst**
> lö**schst**
> wi**schst**
> mi**schst**
> logi**schste**

D. Initial *ch*. In words from other languages, initial **ch** is usually pronounced as it would be in the original language. Place names with an initial **ch** sound should be learned individually.

Listen and repeat.

ENGLISH

Charter
Chips
checken

FRENCH

Champagner
Charme
Chef

GREEK

Chaos
Chor
Chemie

PLACE NAMES

Chemnitz
Chiemsee
Chur
China
Chile
Chicago

EINBLICKE

•••

A. Hör zu! Lydia kommt nach Hause und erzählt ihrer Mutter, welche Noten sie in ihrem Zeugnis bekommt. Hör zu und fülle Lydias Zeugnis aus. (HINT: *Listen as Lydia tells her mother about her report card for the first semester. Fill in her grades in the report card below.*)

Heinrich-Heine-Gymnasium
Berlin-Reinickendorf

Zeugnis

1. Kurshalbjahr der gymnasialen Oberstufe

FRITSCH, Lydia _____ , geboren am: 6.4.86

1. Aufgabenfeld:	Note	3. Aufgabenfeld:	Note
Deutsch	2	Mathematik	2−
Musik	---	Physik	---
Kunst	2+	Chemie	---
Englisch	2	Biologie	3−
Französisch	---	Informatik	---
Latein	---	---	---
Spanisch	3−	---	---
Russisch	3+	Weitere Fächer:	
2. Aufgabenfeld:		Sport	3
Weltkunde	2−	---	---
Geschichte	---	---	---

Versäumte Tage:	davon unentschuldigt:	Versäumte Einzelstunden:	davon unentschuldigt:	Verspätungen:
11	---	16	---	---

Bemerkungen:

Berlin, _____ 13. Januar 2000

Dr. M. Laske
Schulleiterin

Gelesen: _____

A. Schwitzer
Tutor

Erziehungsberechtigte(r)

B. Stimmt das oder stimmt das nicht? Du hörst das Gespräch ein zweites Mal. Kreuze an „Ja" oder „Nein". (HINT: *You will hear the conversation again. Mark **ja** or **nein**.*)

		JA	NEIN
1.	Lydia hat im 1. Kurshalbjahr elf mal gefehlt.	✓	☐
2.	Herr Schwitzer ist Lydias Englischlehrer.	✓	☐
3.	In Englisch bekommt Lydia eine 1.	☐	✓
4.	Sport ist Lydias Lieblingsfach, und sie bekommt wieder eine 1.	☐	✓
5.	Lydia hat in einer Klassenarbeit eine 5 bekommen.	☐	✓
6.	In Weltkunde hat Lydia eine 2 minus.	✓	☐

KULTURTIPP

Grades in German schools and universities are based on a six-number system. A grade of 1 is the best and roughly equivalent to the letter grade A in North America. As with letter grades, number grades can also have pluses or minuses.

GERMANY		NORTH AMERICA
sehr gut	1	A
gut	2	B
befriedigend	3	C
ausreichend	4	D
mangelhaft	5	F
ungenügend	6	F

PERSPEKTIVEN

Hör mal zu!

A. Schulzeit. Drei Personen erzählen über ihre Schulzeit. Was fehlt? Du hörst den Text zweimal. (HINT: *Listen as three people describe their school experiences, and fill in the missing words. You will hear their descriptions twice.*)

ANJA: Die schlimmsten _____ Fächer _____[1] für mich in der Schule waren Mathematik und Physik. Hoffentlich muss ich nie wieder eine Mathematikarbeit _____ schreiben _____.[2] Und ich bin sehr froh, dass ich Musik und _____ Deutsch _____[3] studiert habe. Mathematik war ein Alptraum[a] für mich.

MAREIKE: Mein _____ Lieblingsfach _____[4] in der Schule war _____ Geschichte _____.[5] Ich fand das doch immer sehr interessant in Deutschland. Was ich nicht so gerne hatte, war Mathematik. Also mit Mathematik, Nummern, das ist jetzt noch für mich ganz schrecklich.

CLAUDIO: Also, in die _____ Grundschule _____[6] bin ich in Winterthur gegangen. Dort habe ich meine Grundschule absolviert, danach bin ich nach Zürich umgezogen, hab' dort das Gymnasium gemacht, und danach bin ich an die _____ Uni _____[7] Zürich gegangen, wo ich _____ Informatik _____[8] studiert habe. Meine Lieblingsfächer sind _____ Mathematik _____[9] und Computerwissenschaften.

[a]*nightmare*

Lies mal!

Gedichte—warum?
Zwei Gedichte von Erich Fried

„Gedichte lesen"

(I)
Wer
von einem Gedicht
seine Rettung erwartet
der sollte lieber
lernen
Gedichte zu lesen.

(II)
Wer
von einem Gedicht
keine Rettung erwartet
der sollte lieber
lernen
Gedichte zu lesen.

„Eine Stunde"

(I)
Ich habe eine Stunde damit verbracht
ein Gedicht das ich geschrieben habe
zu korrigieren

(II)
Eine Stunde
Das heißt: In dieser Zeit
Sind 1400 kleine Kinder verhungert
Denn alle 2 Sekunden verhungert
ein Kind unter fünf Jahren
in unserer Welt

(III)
Eine Stunde lang wurde auch
das Wettrüsten fortgesetzt
und 62 Millionen achthunderttausend Dollar
wurden in dieser einen Stunde ausgegeben
für den Schutz der verschiedenen Mächte
voreinander
Denn die Rüstungsausgaben der Welt
Betragen derzeit
550 Milliarden Dollar im Jahr
Auch unser Land trägt dazu
sein Scherflein bei

(IV)
Die Frage liegt nahe
ob es noch sinnvoll ist
bei dieser Lage der Dinge
Gedichte zu schreiben.
Allerdings geht es
in einigen Gedichten
um Rüstungsausgaben und Krieg
und verhungernde Kinder.
Aber in anderen geht es
um Liebe und Altern und
um Wiesen und Bäume und Berge
und auch um Gedichte und Bilder

(V)
Wenn es nicht auch
um all dies andere geht
dann geht es auch keinem mehr wirklich um Kinder und Frieden

These two poems are from Erich Fried's collection Es ist was es ist - Liebesgedichte,
Angstgedichte, Zorngedichte *(Berlin: Wagenbach, 1983).*

Wortschatz zum Text

die Rettung	*salvation*	die Rüstungsausgaben	*armament expenses*
verhungern	*to starve*	das Scherflein (*dimin.*)	*contribution*
das Wettrüsten	*arms race*	der Frieden	*peace*
die Mächte	*powerful states/countries*		

B. Zum Text. Was soll in einem guten Gedicht stehen? Was erwartest du von einem Gedicht? (HINT: *What should be included in a good poem? What do you expect from a poem?*)

Von einem guten Gedicht erwarte ich:

Answers will vary.

_____ einen Titel, der beschreibt, worum es sich handelt

_____ den Namen der Person, für die das Gedicht geschrieben ist (eine Widmung)

_____ viele Metaphore

_____ technische Sprache

_____ einfache Sprache

_____ ein positives Gefühl

_____ ein wichtiges Thema

_____ ernste Kommentare

_____ ein Abbild der Realität

_____ Antworten zu wichtigen Fragen

_____ Fragen, die keine Antworten haben

_____ die Beschreibung von schönen Dingen (Liebe, Freundschaft, Urlaub, . . .)

_____ die Beschreibung von Träumen

_____ Reime und einen starken Rhythmus

_____ Sonstiges: _____

_____

_____

C. Warum Gedichte? Durch das Gedicht „Gedichte lesen" will der Autor Erich Fried seine Leser einladen, sich Gedanken zu machen, warum man Gedichte liest. Was meinst du? Nenne drei Gründe, warum Menschen Gedichte lesen. (HINT: *In „Gedichte lesen", Erich Fried invites his readers to think about why we read poems. What do you think? Give three reasons why people read poems.*)

1. Answers will vary. _____

_____

_____

2. _____

_____

_____

3. _____

_____

_____

D. Wo sagt er das? Welche Strophen von „Gedichte lesen" passen zu den folgenden Gedanken? (HINT: *Which stanza(s) of the poem „Gedichte lesen" does each of these statements correspond to best?*)

	STROPHE I	STROPHE II	STROPHEN I UND II
1. Ein Gedicht kann einem Menschen helfen.	☐	☑	☐
2. Man soll Gedichten eine Chance geben.	☐	☑	☑
3. Man soll von Gedichten nicht zu viel erwarten.	☑	☐	☐

E. Was sagt Erich Fried? In dem Gedicht „Eine Stunde" spricht Erich Fried über das Gedichte schreiben. Was sagt er? Was sagt er nicht? Was meinst du? (HINT: *In the poem „Eine Stunde", Erich Fried talks about writing poems. What does he say? What doesn't he say? What do you think? Watch out: take the whole poem into account before you decide on individual conclusions!*) Answers may vary.

	JA	NEIN	WENN JA: IN WELCHER STROPHE (WELCHEN STROPHEN)?
1. Ich verschwende zuviel Zeit mit dem Korrigieren meiner Gedichte.	☐	☑	_____
2. In einer Stunde passiert viel Schlimmes in der Welt.	☑	☐	*II, III*
3. Eine Stunde ist nicht genug Zeit, um ein Gedicht zu korrigieren.	☐	☑	_____
4. Manchmal frage ich mich, ob es sinnvoll ist, Gedichte zu schreiben.	☑	☐	*IV*
5. Ich sollte nur politische Gedichte schreiben.	☐	☑	_____
6. Es ist wichtig, über die schönen Dinge im Leben nachzudenken und zu schreiben.	☑	☐	*V*
7. Man soll nur Gedichte über Liebe, Wiesen, Bäume und Berge schreiben.	☐	☑	_____
8. Man kann die Welt nur positiv verändern, wenn man Positives und Negatives sieht.	☑	☐	*V*
9. Man kann Kindern helfen, wenn man schöne Dinge für unwichtig hält.	☐	☑	_____

Schreib mal!

F. Welches Gedicht gefällt dir besser? Gib deine Gründe an. (HINT: *Which of the two poems by Erich Fried do you prefer? Give your reasons.*)

Answers will vary.

_____

_____

_____

_____

G. Mein Gedicht. Jetzt kannst du bestimmt dein eigenes Gedicht schreiben. (HINT: *Now you can write your own poem. Go through the steps listed below.*)

1. Was ist dein Thema? _____

2. Schreib eine Liste von Wörtern und Ausdrücken, die in deinem Gedicht vorkommen sollen.

Answers will vary.

_____

_____

_____

_____

_____

_____

_____

3. Schreib jetzt dein Gedicht!

_____

_____

_____

_____

_____

_____

_____

_____

_____

VIDEOTHEK

· ·

A. In welcher Reihenfolge sagen der Professor und Marion das? Hör zu und nummeriere die Aussagen. (HINT: *In which order do the professor and Marion tell the story? Listen and number the statements.*)

a. __3__ Eine romantische Geschichte, ein Märchen.

b. __1__ Erzählen Sie eine Liebesgeschichte, ein Märchen.

c. __5__ Sie gingen zusammen durch den Wald und kamen zu einem wunderschönen Schloss.

d. __2__ Es war einmal eine junge schöne Frau. Sie machte mit ihrer Mutter eine lange, lange Reise.

e. __4__ Aber nicht so eine Art von Märchen.

f. __6__ Fotos? Damals gab es keine Kameras.

Ein Schloss wie im Märchen.

B. Silke redet mit ihren Freunden in der Disko. Was sagen sie? Hör zu und ergänze die fehlenden Wörter. (HINT: *Silke is talking with her friends in the discotheque. Listen and fill in the missing words in their conversation.*)

RUDI: _____Hallo_____,[1] Silke!

SILKE: Hi.

RUDI: Ist Michael auch da?

SILKE: Wer ist _____Michael_____?[2]

SILKE: Danke.

KARIN: Ist die für mich?

SILKE: Find' ich nicht _____komisch_____![3]

KARIN: Okay. Ich bestell' 'ne neue.

WERNER: Ist Micha auch da?

SILKE: Hab' ihn nicht _____gesehen_____![4]

KARIN: _____Schlechte_____[5] Laune?

SILKE: Ach, lasst mich doch in _____Ruhe_____![5]

VOKABELN

A. Stimmt das oder stimmt das nicht? Hör dir mal die Geschichte von Parceo und Melli an und kreuze die richtige Antwort an. (HINT: *Listen to the story of Parceo and Melli, and check the correct answer.*)

		JA	NEIN
1.	Parceo ist ein kleiner König.	☐	✓
2.	Er lebt in einem kleinen Haus auf einem Baum.	✓	☐
3.	Parceo ist in Melli verliebt.	✓	☐
4.	Melli lebt am See.	☐	✓
5.	Parceo und Melli trafen sich immer am See.	✓	☐
6.	Parceo heiratete Melli.	☐	✓

B. Märchenurlaub. Was machen diese Märchenfiguren im Urlaub? Hör zu und setze die fehlenden Wörter ein. (HINT: *What do these fairy tale characters do on vacation? Listen and fill in the missing words.*)

1. König Karl _____ *tötet* _____ Drachen.

2. _____ *Prinz* _____ Udo erlöst verwünschte Prinzessinnen.

3. Die böse _____ *Hexe* _____ verwünscht kleine Kinder.

4. Rumpelstilzchen _____ *schläft* _____.

5. Schneewittchen _____ *wacht* _____ *auf* _____.

6. Der Froschkönig geht _____ *schwimmen* _____.

7. Aschenputtel hat keinen _____ *Urlaub* _____.

C. Das Märchen von Claudia und Florian. Hör zu und nummeriere die Sätze in der Reihenfolge, wie du sie hörst. (HINT: *Listen and number the sentences in the order you hear them.*)

a. __4__ Florian ist ein großer, junger Prinz.

b. __1__ Claudia ist eine schöne, junge Prinzessin.

c. __2__ Und sie lebt in einem Schloss im Wald.

d. __7__ Eines Tages geht Claudia im Wald spazieren.

e. __5__ Er hat blonde Haare und blaue Augen.

f. __6__ Und er lebt im Schloss am See.

g. __8__ Florian reitet auf seinem Pferd durch den Wald.

h. __3__ Sie hat braune Haare und grüne Augen.

i. __9__ Sie sehen sich und verlieben sich.

D. Wie war das? Du hast Finn das Märchen von Claudia und Florian gerade erzählt, aber er hat Fragen. Beantworte seine Fragen. (HINT: *You have just told Finn the fairy tale of Claudia and Florian, but he has questions. Refer back to exercise C to answer his questions.*)

Du hörst: Wer ist Claudia?
Du sagst: Sie ist eine schöne, junge Prinzessin.
Du hörst: Sie ist eine schöne, junge Prinzessin?

1. ... 2. ... 3. ... 4. ...
5. ... 6. ... 7. ... 8. ...

E. Ein großes Schloss. Der König beschreibt sein Schloss. Markiere die Möbelstücke, die er erwähnt. (HINT: *The king is describing his castle. Check off the pieces of furniture he mentions.*)

	DIELE	KÜCHE	SCHLAF-ZIMMER	WOHN-ZIMMER	PRINZESSIN-ZIMMER	KÖNIGIN-ZIMMER
Bilder	☑	☐	☐	☐	☐	☐
Bett	☐	☐	☑	☐	☐	☐
Fernseher	☐	☐	☐	☑	☐	☐
Spiegel	☑	☐	☐	☐	☐	☐
Tisch	☐	☐	☐	☐	☐	☑
Zimmerpflanzen	☐	☐	☐	☐	☑	☐
Stühle	☐	☐	☐	☐	☐	☑
Herd	☐	☑	☐	☐	☐	☐
Geschirrspülmaschine	☐	☑	☐	☐	☐	☐
Mikrowelle	☐	☑	☐	☐	☐	☐
Nachttisch	☐	☐	☑	☐	☐	☐
Kommode	☐	☐	☑	☐	☐	☐
Schrank	☐	☐	☐	☑	☐	☐
Computer	☐	☐	☐	☐	☑	☐

F. Wie war das noch? Du hörst jetzt Fragen zu den Räumen im großen Schloss. Schau auf deine Antworten in der Tabelle in Aktivität E. (HINT: *How was that again? Now you will hear questions about the rooms in the big castle. Refer to your answers in the table in activity E.*)

Du hörst: Was gibt es in der Diele?
Du sagst: Es gibt einen Spiegel und viele Bilder.
Du hörst: Es gibt einen Spiegel und viele Bilder.

1. ... 2. ... 3. ... 4. ... 5. ...

G. Alles ist hier falsch. Was passt zusammen? Verbinde die Satzteile. (HINT: *What goes together? Connect the sentence parts.*)

1. __f__ Aschenputtel
2. __d__ Der Froschkönig
3. __c__ Rumpelstilzchen
4. __b__ Schneewittchen
5. __a__ Der König
6. __e__ Die böse Stiefmutter

a.   heiratete die Königin.
b.   lebte bei den sieben Zwergen.
c.   wohnte im Wald.
d.   lebte im See.
e.   hat Schneewittchen vergiftet.
f.   wohnte in einem großen Haus.

H. Ein modernes Märchen. Ergänze die fehlenden Wörter. (HINT: *Fill in the missing words to describe the characters in a modern fairy tale.*)

Aschenputtel
leben
erlöst
vergiftet
den Drachen

1.   Die Prinzessin _____erlöst_____ den Prinzen mit einer E-Mail.

2.   Die böse Stiefmutter _____vergiftet_____ Schneewittchen mit einer Pizza.

3.   Die sieben Zwerge _____leben_____ in sieben Städten.

4.   Der König tötet _____den Drachen_____ mit einem Laser.

5.   _____Aschenputtel_____ trägt Sportschuhe.

I. Was trägt diese exzentrische moderne königliche Familie? Beschreibe die Kleidung. (HINT: *Describe the clothing worn by this eccentric modern royal family.*) Answers may vary.

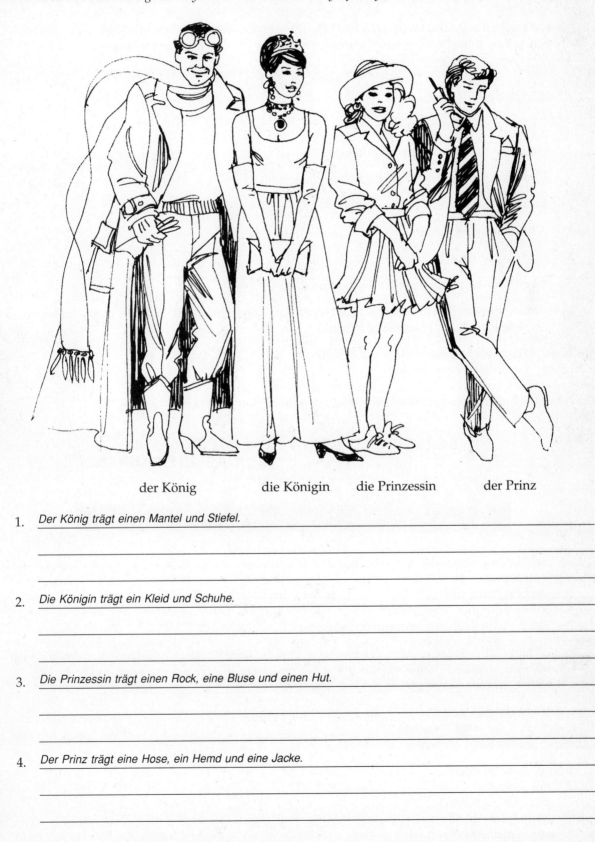

der König   die Königin   die Prinzessin   der Prinz

1. *Der König trägt einen Mantel und Stiefel.* _____

   _____

2. *Die Königin trägt ein Kleid und Schuhe.* _____

   _____

   _____

3. *Die Prinzessin trägt einen Rock, eine Bluse und einen Hut.* _____

   _____

   _____

4. *Der Prinz trägt eine Hose, ein Hemd und eine Jacke.* _____

   _____

   _____

STRUKTUREN

A. Stimmt das oder stimmt das nicht? Du hörst etwas über drei Freunde. Kreuze die richtige Antwort an. (HINT: *You will hear a story about three friends. Check the correct answer.*)

		JA	NEIN
1.	Ali kann gut Deutsch.	☑	☐
2.	Ali kennt die Werke von Hölderlin.	☑	☐
3.	Ali kennt Katharina schon seit drei Jahren.	☐	☑
4.	Katharina kann nur Volleyball spielen.	☐	☑
5.	Katharina weiß nicht, wer Hölderlin ist.	☐	☑
6.	Katharina kennt Birgit sehr gut.	☑	☐
7.	Birgit kennt Ali sehr gut.	☐	☑
8.	Birgit kann sogar ein bisschen Türkisch.	☑	☐

B. Märchengestalten unterwegs. Beantworte die Fragen. (HINT: *The following fairy tale characters have taken to the road. Answer the questions.*)

Du hörst: Wie fährt Schneewittchen zur Arbeit?
Du liest: Schneewittchen: der Bus
Du sagst: Schneewittchen fährt mit dem Bus zur Arbeit.
Du hörst: Schneewittchen fährt mit dem Bus zur Arbeit? Wie praktisch!

SCHNEEWITTCHEN WÜRDE MIT DEM BUS ZUR ARBEIT FAHREN, weil die sieben Zwerge nie und nimmer in einen PKW passen. WEITER DENKEN. BUS FAHREN. bdo Bundesverband Deutscher Omnibusunternehmer e.V.

1. die sieben Zwerge: das Taxi
2. Rotkäppchen: die U-Bahn
3. der böse Wolf: das Auto
4. Rumpelstilzchen: das Fahrrad
5. der Froschkönig: die Concorde

C. Fragen über Fragen. Du bist Deutsche(r), und die neue Austauschstudentin aus Amerika hat viele Fragen an dich. Antworte ihr! (HINT: *You're German, and the new exchange student from the United States has many questions for you. Answer them!*)

Du hörst: Wo bist du geboren?
Du liest: in / die Stadt München
Du sagst: In der Stadt München.

1. bei / meine Eltern
2. mit / der Bus
3. zu / der Supermarkt
4. nach / das Abendessen
5. von / meine Mutter

D. Ein Prinz macht Ferien. Hör zu und ergänze die Lücken mit den Präpositionen. (HINT: *A prince is taking a vacation. Listen and fill in the blanks with prepositions.*)

Es war einmal ein Prinz, der lebte _____in_____¹ einem schönen Schloss nahe _____bei_____² einem

Wald. _____Seit_____³ vielen Jahren war der Prinz nicht mehr _____aus_____⁴ dem Schloss gegangen und

hatte _____außer_____⁵ dem Schloss und dem Wald noch nichts _____von_____⁶ der Welt gesehen. Eines

Tages, _____nach_____⁷ dem Frühstück, fuhr er _____mit_____⁸ seinem Motorrad durch den Wald und er

fuhr immer weiter, bis er in die Stadt kam. Dort fuhr er _____zu_____⁹ einem Flughafen und buchte

eine Reise _____nach_____¹⁰ Hawaii. Und weil es in Hawaii so schön war, kam er nie wieder

_____zu_____¹¹ seinem Schloss zurück.

E. Berlin-Quiz. Frau Pfleger und Herr Braun sind zu Gast in einer Quizsendung. Kreuze an, wer die Antwort weiß, und bestimme den Gewinner. (HINT: *Frau Pfleger and Herr Braun are competing in a game show. Check off who knows the answer, and determine the winner.*)

	Frau Pfleger	**Herr Braun**
1.	X	
2.		X
3.	X	
4.		X
5.	X	
6.	X	

Wer hat gewonnen? Frau Pfleger oder Herr Braun? _Frau Pfleger hat gewonnen._

F. Gespräch in der Schule. Ergänze die Lücken mit den passenden Formen von **können, kennen** oder **wissen**. (HINT: *Fill in the blanks with the correct forms of **können, kennen,** or **wissen**.*)

SABINE: Norbert, _____kennst_____¹ du die neue Schülerzeitung?

NORBERT: Nein, ich _____weiß_____² nur, dass sie „Fliegenpilz" heißt.

GIOVANNI: He, _____wisst_____³ ihr, wo mein Kugelschreiber ist?

NORBERT: Nein, woher sollen wir das _____wissen_____⁴? Sag mal,

Giovanni, du _____kannst_____⁵ doch Italienisch, oder?

GIOVANNI: Na ja, ein bisschen. Ich _____kenne_____⁶ das Land Italien sehr gut, aber die Sprache spreche

ich nicht so gut, weil ich in Deutschland aufgewachsen bin. Warum?

NORBERT: Ach, wir haben nämlich eine Austauschschülerin aus San Remo und sie _____kann_____⁷ nur

ganz wenig Deutsch. _____Weißt_____⁸ du, wo San Remo liegt, Sabine?

SABINE: Ja, an der Riviera, in der Nähe von Nizza. Stimmt's, Giovanni?

GIOVANNI: Ganz richtig, Sabine.

> weiß   weißt
> kann
> kannst   wissen
> kennst
> wisst   kenne

G. Albans Reise nach Rheinhausen. Ergänze die Lücken mit der passenden Präposition. (HINT: *Fill in the blank with the suitable preposition.*)

1. Alban macht eine Reise _____*nach*_____ (nach / zu) Rheinhausen.

2. Er fährt _____*mit*_____ (bei / mit) dem Zug, damit er die Landschaft sehen kann.

3. Albans Schwester, Michaela, wohnt _____*seit*_____ (seit / aus) zwei Jahren in Rheinhausen.

4. _____*Außer*_____ (Nach / Außer) seiner Schwester kennt Alban niemanden in Rheinhausen.

5. Zusammen _____*mit*_____ (außer / mit) seiner Schwester geht Alban einkaufen.

6. Sie gehen _____*zum*_____ (zum / beim) Supermarkt.

7. Abends sind sie _____*bei*_____ (seit / bei) Freunden von Michaela eingeladen.

8. Am nächsten Tag fährt Alban wieder _____*nach*_____ (nach / zu) Hause.

H. Die Austauschschülerin. Kathleen aus den USA ist an deiner Schule zu Besuch. Formuliere indirekte Fragen über Kathleen. (HINT: *Kathleen is an exchange student from the United States. Formulate indirect questions about Kathleen.*)

MODELL: Wie heißt die Schülerin? → Weißt du, wie die Schülerin heißt?

1. Woher kommt Kathleen? *Weißt du, woher Kathleen kommt?*

2. Wie alt ist sie? *Weißt du, wie alt sie ist?*

3. Wann ist sie nach Deutschland gekommen? *Weißt du, wann sie nach Deutschland gekommen ist?*

4. Wie lange bleibt sie in Deutschland? *Weißt du, wie lange sie in Deutschland bleibt?*

5. Liest sie gern Bücher, oder hört sie lieber Musik? *Weißt du, ob sie gerne Bücher liest oder lieber Musik hört?*

6. Wohnt sie bei einer Gastfamilie? *Weißt du, ob sie bei einer Gastfamilie wohnt?*

I. Noch mehr über Kathleen. Verbinde die passenden Elemente und schreibe ganze Sätze über Kathleen. (HINT: *Match the elements, and write complete sentences about Kathleen.*)

kommt	isst alles	nach	außer	München
wohnt	fährt morgen	aus	ihrem Großonkel	Milch und Zucker
trinkt gerne Tee	mit	bei	Fleisch	Cincinnati

1. Kathleen *kommt aus Cincinnati.*

2. Sie *wohnt bei ihrem Großonkel.*

3. Kathleen *trinkt gerne Tee mit Milch und Zucker.*

4. Sie *isst alles außer Fleisch.*

5. Sie *fährt morgen nach München.*

AUSSPRACHE

Interference from Cognates and Common Foreign Words

Although the many cognates common to both German and English make it somewhat easy for the English speaker to learn German vocabulary, some similarities can cause interferences in pronunciation.

A. The Letter *g***.** As you have learned, the letter **g** in most German words is produced in the back of the throat with a sudden release of air. This **g** also occurs in many English words, for example *got*. Also common in English is a dental *g* sound produced in the front of the mouth with the air vibrating as it passes between the teeth, for example in the word *gentle*.

Listen and repeat.

ENGLISH	GERMAN
region	Region
Norwegian	Norwegisch
register	Register
vegetarian	Vegetarier

In some borrowed words, the **g** is soft, as in English.

Listen and repeat.

Garage
Genie
Gelee
Genre

B. The Letter *j***.** Although **j** is pronounced as an English *y*, in some borrowed words it is pronounced as a soft **g.**

Listen and repeat.

Jackett
Jargon
Jalousie
Journal

C. The Diphthong *eu***.** English and German share many words borrowed from Greek that begin with **eu.** In German, **eu** is pronounced similar to *oy* in the English words *boy* and *toy*.

Listen and repeat.

ENGLISH	GERMAN
Europe	Europa
eucalyptus	Eukalyptus
euphoria	Euphorie

D. Vocalic *y*. The **y** in words borrowed from Greek is usually pronounced as a short *i* in English. In German it is pronounced as a long or short **ü.**

Listen and repeat.

ENGLISH	GERMAN
analysis	Analyse
physics	Physik
gymnasium	Gymnasium
symbol	Symbol

 E. Word and Syllable Division. Students learning German often have problems determining word or syllable division in compound words. This results in slurring together letters that belong to separate words and should be pronounced separately. A common mistake is pronouncing the **sh,** as in **Land*sh*ut,** like the English consonant cluster.

Scan the following words and try to determine the two elements of each compound. Write in a slash to mark the division of each word. Then listen to the pronunciation of each word and correct any mistakes.

1. Arbeitstag
2. Ludwigshafen
3. Geburtsort
4. Verkehrsamt
5. Vergnügungsort
6. Gundelsheim
7. Vereinshalle

Now listen to the words again and repeat.

F. The Glottal Stop. The glottal stop is used in both English and German to avoid running words together. A glottal stop is made when the glottis, the space between the vocal cords at the upper part of the larynx, closes and then quickly reopens. In English, the glottal stop is occasionally used, for example to distinguish between *night rate* and *nitrate*. German uses the glottal stop much more frequently, especially in front of all vowels at the beginning of a syllable or word, for example, in **ein alter Opa.** Speakers of North American English tend to run these words together (*einalteropa*).

You will hear short sentences read two times each. Indicate which speaker uses the glottal stop.

1. a. ☑   b. ☐
2. a. ☐   b. ☑
3. a. ☑   b. ☐

Satzbeispiele. Listen and repeat, using the glottal stop where indicated by the asterisk.

1. Im *April hat *Andreas *ein *aufregendes *Abenteuer *erlebt.
2. Er *ist *auf der *Autobahn von *Aachen nach *Innsbruck gefahren.
3. Gegen *Abend hat es geschneit und er musste im *Auto *übernachten.

EINBLICKE

• •

A. Suchanzeigen. Hör gut zu. Wer wird gesucht? (HINT: *Listen to the following missing persons bulletins. Match each text to the fairy tale characters being sought.*)

1. ___*b*___

2. ___*c*___

3. ___*a*___

   a. Hänsel und Gretel
   b. Die sieben Zwerge
   c. Die Bremer Stadtmusikanten

B. Fragen zum Inhalt. Du hörst die drei Texte noch einmal. Setze die fehlenden Wörter ein. (HINT: *You will hear the three texts again. Fill in the missing words.*)

TEXT 1

1. Diese Bande wird wegen _____*Kidnapping*_____ gesucht.

2. Die Bande wohnt in einem _____*Haus*_____ mit sieben Betten.

3. Die Männer dieser Bande sind _____*klein*_____.

TEXT 2

4. Diese Bande besteht aus _____*vier*_____ entlaufenen Tieren: einer Katze, einem

   Esel, einem Hahn und einem _____*Hund*_____.

5. Die Tiere wollen nach _____*Bremen*_____ gehen.

TEXT 3

6. _____*Seit*_____ gestern werden zwei Kinder vermisst.

7. Die beiden Geschwister sind im _____*Wald*_____ verschwunden.

8. Der Junge ist zwölf und das Mädchen ist _____*elf*_____ Jahre alt.

Wähle eine der drei Suchanzeigen aus der Aktivität B und illustriere diese für die
ose one of the three bulletins and make a police sketch of the missing person[s].)

POLIZEISKETCH

PERSPEKTIVEN

Hör mal zu!

A. Märchenfiguren. Was fehlt? Du hörst den Text zweimal. (HINT: *Listen to the following descriptions of fairy tale characters, and fill in the missing words. You will hear the text twice.*)

1. Ich bin eine sehr nette, hilfsbereite _____ Frau _____,[1] und ich besitze Zauberkräfte. Alle

   Leute _____ lieben _____[2] mich, denn ich kann Probleme lösen. Für ein armes

   _____ Mädchen _____[3] habe ich ein Kleid, goldene _____ Schuhe _____[4] und eine Kutsche

   mit weißen Pferden hergezaubert. Eine Königstochter sollte eigentlich sterben, aber ich habe den

   bösen Spruch gemildert, und sie musste nur lange _____ schlafen _____.[5]

2. Wir sind klein, recht gutmütig und wohnen zusammen in einem kleinen

   _____ Haus _____[6] im Wald. Neulich ist ein schönes Mädchen zu uns gekommen. Sie hält

   unser Haus in Ordnung, während wir in den _____ Bergen _____[7] arbeiten und Erz und

   Gold suchen. Sie hat recht viel Arbeit damit, denn wir haben alles siebenfach—sieben Teller,

   sieben Becher, sieben _____ Betten _____.[8] Wer sind wir?

3. Ich bin eine sehr schöne junge Frau. Mein Vater ist _____ König _____[9] im Land, aber

   trotzdem habe ich immer Probleme. Mal hat meine _____ Stiefmutter _____[10] mich

   weggeschickt, und ich war ganz allein im Wald. Mal hat eine böse Fee mich

   _____ verwünscht _____,[11] und ich musste lange, lange schlafen. Aber immer kommt ein schöner

   Königssohn und gibt mir einen Kuss. Das ist was Schönes.

4. Ich bin klein, grün, nass und für viele Leute ziemlich _____ hässlich _____.[12] Einmal habe ich

   einer Königstochter ihre goldene Kugel geholt. Sie hat mir versprochen, mich mitzunehmen. Sie

   hat aber ihr Versprechen nicht eingehalten. Sie war vielleicht undankbar. Sie hat nicht

   _____ gewusst _____,[13] dass ich ein verwünschter Königssohn bin.

5. Ich bin böse. Meistens trage ich _____ Schwarz _____.[14] Sehr oft verwünsche ich

   Königstöchter und Königssöhne. Manchmal entführe ich _____ Kinder _____.[15]

Lies mal!

Dornröschen

Es waren einmal ein König und eine Königin, die wollten so gern ein Kind haben, aber sie hatten keins. Endlich aber bekam die Königin ein Mädchen. Es war so schön, dass der König ein großes Fest plante. Er lud nicht nur seine Verwandten, Freunde und Bekannten, sondern auch die weisen Frauen dazu ein. Es lebten dreizehn weise Frauen in seinem Reich, aber weil er nur zwölf goldene Teller hatte, so mußte eine von ihnen daheim bleiben. Als das Fest zu Ende war, beschenkten die weisen Frauen das Kind mit ihren Wundergaben: die eine mit Tugend, die andere mit Schönheit, die dritte mit Reichtum und so mit allem, was auf der Welt zu wünschen ist. Als elf ihre Sprüche eben getan hatten, kam plötzlich die dreizehnte herein. Sie wollte sich dafür rächen, dass sie nicht eingeladen war, und rief: „Die Königstochter soll sich in ihrem fünfzehnten Jahr an einer Spindel stechen und tot hinfallen." Da trat die zwölfte weise Frau hervor, die ihren Wunsch noch übrig hatte, und sagte: „Es soll aber kein Tod sein, sondern ein hundertjähriger tiefer Schlaf, in den die Königstochter fällt."

Der König, der sein liebes Kind gern vor dem Unglück bewahren wollte, ließ den Befehl ausgeben, dass man alle Spindeln im ganzen Königreich verbrennen sollte. An dem Mädchen aber wurden die Gaben der weisen Frauen sämtlich erfüllt, denn es war sehr schön, sittsam und freundlich.

Eines Tages war das Mädchen ganz allein im Schloss. Es ging herum, besah alle Kammer und kam endlich an einen alten Turm. In diesem Turm saß eine alte Frau an einer Spindel. „Guten Tag!" sprach die Königstochter. „Was machst du da?" —„Ich spinne," sagte die Alte. „Was ist das?" fragte das Mädchen, nahm die Spindel und wollte auch spinnen, aber es stach sich damit in den Finger. In dem Augenblick fiel es auf das Bett nieder und lag in einem tiefen Schlaf. Das ganze Schloss fiel auch in einen Schlaf: der König und die Königin schliefen ein und alle Menschen im Schloss mit ihnen. Da schliefen auch die Pferde im Stall, die Hunde im Hof, die Tauben auf dem Dach, und die Fliegen an der Wand.

Rings um das Schloss aber begann eine Dornenhecke zu wachsen, die jedes Jahr höher wurde. Schließlich war gar nichts mehr von dem Schloss zu sehen. Nach einhundert Jahren kam ein Königssohn in das Land und hörte von dem Schloss und von der wunderschönen Königsstochter. Nun war auch der Tag gekommen, da Dornröschen wieder erwachen sollte. Als der Königssohn zu der Dornenhecke kam, verwandelte sie sich in große, schöne Blumen. Er ging durch die Blumen auf den Hof und sah die Pferde, Hunde und Tauben schlafen. Und als er in das Haus kam, schliefen die Fliegen an der Wand. Da ging er weiter und sah im Saal den ganzen Hofstaat liegen und schlafen, und oben bei dem Thron lagen der König und die Königin. Endlich kam er zu dem Turm, wo Dornröschen schlief. Da lag es und war so schön, dass er die Augen nicht abwenden konnte und er gab ihm einen Kuß. Dornröschen schlug die Augen auf, erwachte und blickte ihn ganz freundlich an. Da gingen sie zusammen herab, und der König erwachte und die Königin und alle Menschen im Schloss und sahen einander mit großen Augen an. Und die Pferde im Hof standen auf und rüttelten sich; die Hunde sprangen und wedelten; die Tauben auf dem Dache zogen das Köpfchen hervor; die Fliegen an den Wänden krochen weiter. Und da wurde die Hochzeit des Königssohns mit dem Dornröschen in aller Pracht gefeiert und sie lebten vergnügt bis an ihr Ende.

Wortschatz zum Text

lud . . . ein (= *past tense of* einladen)	*invited*	verbrennen	*to burn*
beschenken	*to give gifts to*	die Kammer	*room*
der Spruch, -ë	*(here) magic wish*	der Turm	*tower*
sich rächen	*to get revenge*	stach (= *past tense of* stechen)	*pricked*
die Spindel	*spindle (used in spinning)*	die Dornenhecke	*hedge of thorns*
bewahren	*to spare, to save from*	abwenden	*to turn away*
der Befehl	*command*	vergnügt	*happily*

B. Wie ist es richtig? Dornröschens Geschichte ist durcheinander geraten. Bring die folgenden Sätze wieder in die richtige Reihenfolge. (HINT: *Sleeping Beauty's story is all mixed up. Put the following sentences back in the correct order.*)

a.   _3_ Als sie einmal allein im Schloss war, ging die Königstochter in einen alten Turm.

b.   _6_ Rings um das Schloss wuchs eine riesengroße Dornenhecke.

c.   _10_ Mit Dornröschen erwachte der ganze Hof, und die Hochzeit mit dem Königssohn wurde in aller Pracht gefeiert.

d.   _2_ Die dreizehnte rächte sich am König und der Königin mit einem Zauberspruch.

e.   _5_ Dornröschen und das ganze Schloss fielen in einen tiefen Schlaf.

f.   _1_ Der König lud nur zwölf der dreizehn weisen Frauen zum Fest ein.

g.   _7_ Als die hundert Jahre um waren, kam ein Königssohn, und die Dornenhecke verwandelte sich in große schöne Blumen.

h.   _9_ Als er Dornröschen fand, sah er, dass sie wunderschön war, und küsste sie.

i.   _8_ Er ging hindurch und sah den ganzen Hofstaat schlafen.

j.   _4_ Sie stach sich mit der Spindel in den Finger—so wie es die dreizehnte weise Frau vorhergesagt hatte.

C. Warum haben diese Figuren das gemacht? Verbinde jede Tat mit einem Grund. (HINT: *Why did these characters do that? Match each deed with a reason.*)

TAT

1. _f_ Der König hat nur zwölf weise Frauen zum Fest eingeladen.

2. _c_ Die dreizehnte weise Frau hat sich am König gerächt.

3. _g_ Der König hat befohlen, alle Spindeln im Reich zu verbrennen.

4. _a_ Der König plante ein großes Fest.

5. _e_ Dornröschen fragte die alte Frau: „Was ist das?"

6. _b_ Dornröschen wusste nicht, was eine Spindel war.

7. _d_ Das ganze Schloss wachte auf.

GRUND

a. Das Mädchen war sehr schön.

b. Der König hatte befohlen, alle Spindeln zu verbrennen.

c. Der König hatte sie zum Fest nicht eingeladen.

d. Der Königssohn hat Dornröschen geküsst.

e. Dornröschen wusste nicht, was eine Spindel war.

f. Er hatte nur zwölf goldene Teller.

g. Er wollte das Mädchen vor dem Unglück bewahren.

Schreib mal!

D. Schreibe ein modernes Märchen.

SCHRITT 1: Welche Figuren kommen vor? Was tun sie? Sei kreativ! (HINT: *Write a modern fairy tale. What figures appear? What do they do? Be creative!*)

TIPP ZUM SCHREIBEN

Many traditional fairy tales take place in the past or in a timeless place. They are often full of fantastic events and imaginary characters. A modern fairy tale can also have fantastic events and imaginary characters. But at the same time these events or characters should in some way be modern. First, think about where the fairy tale takes place. It can be virtually anywhere! Then, decide on the characters. Will the fairy tale have people? Or perhaps imaginary creatures? You will then need some sort of conflict to make the story interesting. After all, without the wolf, Little Red Riding Hood would be boring! Does something bad happen in your fairy tale? Is there an evil character? Finally, decide how the fairy tale ends. Is the conflict resolved? Does it end happily?

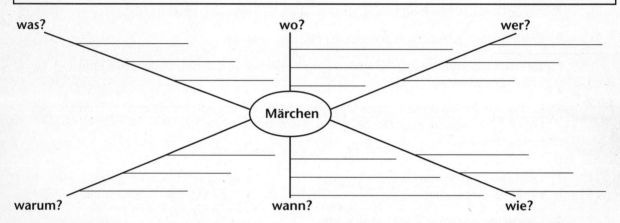

was? wo? wer?

Märchen

warum? wann? wie?

SCHRITT 2: Schreibe nun das Marchen. Verwende das Perfekt. (HINT: *Now write your fairy tale. Use the present perfect tense.*)

Answers will vary.

_____

_____

_____

_____

_____

_____

_____

_____

_____

_____

Name _____

Datum _____

Klasse _____

WIEDERHOLUNG 4

• •

VIDEOTHEK

• •

A. Was ist richtig? Hör zu und kreuze die richtige Antwort an. (HINT: *Listen to the following excerpts, and check the correct completion for each sentence.*)

1. Die Wespe ist . . .

   ☐ ein Telefon.

   ☑ eine Zeitung.

   ☐ ein Kugelschreiber.

2. Die Sekretärin heißt . . .

   ☐ Bolten.

   ☑ Klein.

3. Michael und Silke lernen . . .

   ☐ Deutsch.

   ☐ Physik.

   ☑ Mathematik.

4. Silke ist . . .

   ☐ glücklich.

   ☑ traurig.

Michael? Wer ist das?

B. Michael und Silke. In welcher Reihenfolge sagen Michael und Silke das? (HINT: *Listen to Michael and Silke's conversation. Number the following statements in the order you hear them.*)

a. _2_ Deine Marion interessiert mich überhaupt nicht!

b. _4_ Quatsch! Ich bin doch nicht eifersüchtig.

c. _1_ Also gut, ich weiß, ja . . . Aber die Marion war in den Osterferien . . .

d. _5_ Und was rennst du dann in die Disko?

e. _3_ Bist du eifersüchtig?

f. _6_ Ich kann ja wohl machen, was ich will.

g. _7_ Ja, und dann hast du dich in sie verliebt.

Silke! Warte doch mal!

VOKABELN

A. Lindas Schule. Linda erzählt von ihrer Schule. Hör zu und setze die fehlenden Wörter ein. (HINT: *Linda is talking about her school. Listen and fill in the missing words.*)

1. Ich mache gerade mein Abitur an einem _____ Gymnasium _____.

2. Fast jeden Tag habe ich _____ Hausaufgaben _____.

3. Letzte Woche hatten wir eine _____ Klausur _____ in Englisch.

4. Vor kurzem haben wir einen _____ Ausflug _____ ins Gebirge gemacht.

5. Die _____ Schüler _____ und Schülerinnen kommen aus vielen Ländern.

6. Morgen haben wir eine _____ Demonstration _____.

7. Wir _____ protestieren _____ gegen Ausländerfeindlichkeit.

8. Ich finde es wichtig, dass junge Leute ihre _____ Meinung _____ äußern.

B. Märchenfiguren. Wer ist wer? Beantworte die Fragen, die du hörst. (HINT: *Who's who? Answer the questions you hear.*)

Du hörst: Wer ist der Vater vom Prinzen?
Du sagst: Das ist der König.
Du hörst: Ja, natürlich. Das ist der König.

   1. . . .   2. . . .   3. . . .   4. . . .   5. . . .   6. . . .

> der Froschkönig
> der König   der Prinz
>   die böse Hexe
> die Prinzessin   die Königin
>   Schneewittchen

C. Welche Schule? Verbinde die Satzteile. (HINT: *Which school? Match the sentence parts.*)

1. _d_ Im Kindergarten
2. _c_ In die Grundschule
3. _a_ Im Gymnasium
4. _b_ In die Hauptschule

a. bekommt man eine vertiefte allgemeine Bildung.
b. gehen rund ein Drittel aller Schüler.
c. kommen Kinder mit sechs Jahren.
d. sind kleine Kinder von drei bis fünf Jahren.

D. Welche Kurse? Schreibe die Kurse, die diese Personen belegen sollen. (HINT: *Write the courses these people should take.*)

MODELL: Erik will Chemiker werden. → Chemie, Biologie, Physik, Technik
Answers will vary. Possible answers:

1. Anna will Psychologin werden. _Psychologie, Biologie, Chemie, Sozialkunde, Linguistik_

2. Sebastian will Architekt werden. _Kunst, Mathematik, Technik, Maschinenbau_

3. Sofie will Journalistin werden. _Literatur, Deutsch, Englisch, Geschichte, Wirtschaft_